Anke Sabine Neuberger

Sonja Deborah Eisele

Eigenlicht

Das Handbuch zum Workshop: 200 % Leben

AF210884

Eigenlicht

Das Handbuch zum Workshop: 200 % Leben

Anke Sabine Neuberger

Sonja Deborah Eisele

Impressum

Bibliografische Information der Deutschen Nationalbibliothek: Die Deutsche Nationalbibliothek verzeichnet diese Publikation in der Deutschen Nationalbibliografie; detaillierte bibliografische Daten sind im Internet über http://dnb.dnb.de abrufbar.

Die automatisierte Analyse des Werkes, um daraus Informationen insbesondere über Muster, Trends und Korrelationen gemäß §44b UrhG („Text und Data Mining") zu gewinnen, ist untersagt.

© 2025 Anke Sabine Neuberger und Sonja Deborah Eisele

Verlag: BoD · Books on Demand GmbH, Überseering 33, 22297 Hamburg, bod@bod.de

Druck: Libri Plureos GmbH, Friedensallee 273, 22763 Hamburg

ISBN: 978-3-7693-7895-5

MIX
Papier aus verantwortungsvollen Quellen
Paper from responsible sources
FSC® C105338

FSC
www.fsc.org

Inhaltsverzeichnis

Leerseite

VORWORT –

MACH' DEIN EIGENLICHT AN!

Hier geben wir dir eine Orientierung zu den folgenden Seiten.

Sonja: Unser Gedanke war es, unkonventionell zu schreiben. Schlicht, einfach – mit Wiederholungen in Bezug auf Konzentration, Meditation und Atmung. Warum?

Weil meiner Meinung nach die Teilrevision unseres Wissens neue Gedanken hervorbringt. Insbesondere die Atmung bringt uns ins Hier und Jetzt. Alles, was wir ändern können, ist wie wir mit der JETZIGEN Situation, also mit dem Moment umgehen. Langfristig und nachhaltig – täglich und regelmäßig.

Geht diese Anleitung also für alle? Für jeden?

Anke: Gute Frage. Wer sind alle?

Wir sind Menschen und Menschen haben im Inneren vieles gemeinsam:

- Wir sind fähig tiefe Gefühle zu haben

- Wir wollen lernen und entdecken

- In Gemeinschaft gehen wir durch Lebensphasen

Uns geht es darum die Intuition, das Bauchgefühl zu schärfen, was im Leben zu mehr Effizienz und Leichtigkeit führt.

Anke Sonja

Wir verstehen uns als Inspiratoren, die über den Tellerrand denken, fühlen und diese Anregung transportieren. Beantwortet das deine Frage?

Sonja: Noch nicht ganz. Wir widersetzen uns also bewusst dem Lärm und dem Streben nach „immer-mehr-wollen"?!

Aber wollen wir selbst nicht auch mehr? Ein Buch für alle? Eine Lösung für jedes Problem auf dem Tablett serviert. Das hat mich eben auch mein Mann gefragt – wie ich finde - vollkommen berechtigt.

Anke: Wir sind eben keine Gurus, keine Lehrerinnen, keine Coaches, keine Therapeuten ... und vor allen Dingen keine Besserwisser. Wir wollen lediglich Anstoß für dein individuelles Leben bieten. Was ich damit meine?

Wir alle haben gemeinsam: das oben genannte: Gemeinschaftsgefühl, Lernfähigkeit und Gefühle.

ABER, wir sind individuell: In dem, was uns tief berührt. Denn dies ist oft nicht greifbar oder in Worte zu fassen.

Klare Entscheidung für unser Buch, für alle diejenigen, deren Bauch laut und deutlich „JA" sagt. Getreu den folgenden Worten ...

Für neue Gedanken, nie dagewesene Handlungen und nicht vorher denkbare Ergebnisse! Wir lernen und entdecken gemeinsam mit dir!

Sonja: Und doch – wer gerade ernsthafte Probleme bewältigen muss, seien sie körperlich, existenziell, oder gar ein psychologisches Problem – hier sind wir im Rahmen von Buch und Seminar doch nicht die richtigen?! Davon grenzen wir uns klar ab. Im Seminar erwartet euch Tiefgang, da ihr euch mit euch selbst beschäftigt. Es reicht der Wille, loszulegen.

Anke: Nennen wir es Bereitschaft dafür?

Sonja: Genau. Das Buch ist wie gesagt: Auslöser und Leitfaden, für eure Notizen und tieferen Gedanken und Ziele. Fortlaufend. Stetig. Schritt für Schritt.

Obwohl ich aus der Wirtschaftspsychologie komme - wir sind keine Psychotherapeuten. Und wir wollen Menschen nicht ansprechen, die im schnellen reich werden ihre Lebensphilosophie sehen. Leistungsgruppen? Ja gerne, denn gerade ihr braucht zwischendurch unbedingt das Durchatmen. Lasst euch gerne und umfassend darauf ein. Wir sind für alle da, die diese Art der Meditation kennenlernen möchten. Aber wie gesagt – die Leistung selbst ist, nicht unser Kernthema. Hierfür haben wir weiterführende Literatur- und Expertenpools für euch an der Hand. **Nicht mehr. Nicht weniger.**

Anke und Sonja: Wir sprechen dich an, wenn du:

- Mehr Ruhe für deinen Alltag suchst

- Zufriedenheit als Schatz in all dein Tun legen möchtest

- Atmung und Yoga kennenlernen– den Vorteil von Bewegung nutzen willst

- Bereit bist 24 Tage lang, jeden Tag 1 Kapitel zu TUN

- Dir vorstellen kannst die nächsten Jahre zu gestalten

Anke Sonja

Denn: Das Buch kratzt an der Oberfläche. Kann aber dein Türöffner werden. Oder dein Wegweiser, für völlig neue Gedanken und Atemzüge. Uns ist bewusst. Das Leben ist mal Berg- und Talfahrt. Jede Biografie hat tragische und frohe Momente. Nun tauche ein. Nicht weil der Weg so einfach ist. Sondern, weil du dein Eigenlicht schon in dir hast. Du musst es nur wiederentdecken.

Wir möchten darauf hinweisen, dass die hier bereitgestellten Informationen ausschließlich meine persönliche Meinung widerspiegeln und keine medizinische oder psychologische Beratung darstellen. Für medizinische oder psychologische Fragen oder Diagnosen konsultieren Sie bitte einen qualifizierten Facharzt oder Therapeuten. Unsere Inhalte sind für alle Geschlechter und Lebensformen gedacht und sollen eine respektvolle und offene Diskussion fördern. Alle Zitate haben wir entsprechend gekennzeichnet.

Heute ist Tag 1 für Leichtigkeit und Zeit für die nächsten Jahre in deinem Eigenlicht.

Viel Freude, Anke und Sonja

1 EIGENLICHT – WAS IST DAS DENN?

Heute ist die Zeit reif und bietet beste Voraussetzungen für ein Entfalten des vollen menschlich-geistigen Potenzials.

Nur heute? Zu allen Zeiten ... doch heute ist es einfach, oftmals kostenfrei und sehr vielen Menschen zugänglich. Die globale Vernetzung und damit der Zugriff auf eine de facto unbegrenzte Wissensbibliothek bieten einen unschätzbaren Wert für das Entwickeln des Menschen.

Exkurs: Entwickeln meint kein Voranschreiten in Form von besser werden oder überholte Gewohnheiten loslassen.

Es beinhaltet mehr das Entwickeln im Sinne von Auswickeln. Stellen wir uns eine Praline, eingewickelt in ein Papier, vor. Um sie zu genießen, muss sie ausgewickelt werden. Mit oder ohne Papierumwickelung: Die Praline ist in beiden Fällen ein und dieselbe vorzügliche Praline.

So ist es mit den Menschen, sie sind einzigartig. Es kann allerdings oft mehr vom Potenzial, welches vorhanden ist, gezeigt und genutzt werden.

Grenzen sprengende Gedanken: Nach dem Motto den Geist befreien. Den Geist loslassen und ihn in Ferne, unbegrenzte Weite schweifen lassen. Begrenzungen von sozialer Konditionierung und Anpassung sollten hinterfragt und transzendiert werden. Viel wird gesprochen über das neue egoistische Zeitalter. Vermeintlich denken alle an sich und selbst in der geistig-spirituellen Weltsicht, dreht sich vieles um die Erfüllung der individuellen, kleinen Wünsche.

Anke Sönja

Die einen wollen mehr Geld, Reichtum, Haus, Hof, Auto und den perfekten Partner. Die anderen lehnen materiellen Reichtum ab, weil dieser angeblich nicht spirituell ist, und wünschen sich die Erleuchtung à la Buddha.

Dabei übersehen beide Gruppen, dass sie viel Potenzial haben. Über materiellen oder spirituellen Reichtum hinaus.

Es ist die innere Haltung, die das Leben fröhlich, leicht und erfüllt macht. Ein Freund von Anke lebt seit Jahren in den Bergen des Himalayas und schickt ihr regelmäßig Bilder von den Dorfbewohnern. Nicht einmal war ein mürrischer, frustrierter Gesichtsausdruck auf einem Foto. Diese Menschen leben in den einfachsten Häusern oder Hütten, haben keinerlei Bequemlichkeiten, arbeiten ihr Leben lang hart auf dem Feld und sind mit Mitte 40 teilweise am Ende dieser Inkarnation. Und doch haben sie etwas, was für uns eine tiefe Inspiration sein kann und sollte: Ein inneres Strahlen. Ein Leuchten. Erleuchtung. *„Eigenes Licht".* Jeder Mensch hat das Licht. Du und ich.

Jeder ist erleuchtet und wird es bleiben. Natürlich kann, wie bei einer Glühbirne etwas Schmutz, das Strahlen schmälern. So können wir im Alltag in der Welt der Dualität den Unterschied erleben: Heute leuchte ich mit 100 Watt, neulich mit 80 Watt … 100 Watt fühlt sich ausgezeichnet an. Alles ist im Fluss. Dabei hilft stille Einkehr. In stillem Verweilen allein mit sich selbst, ist das All-Eins zu spüren, welches tiefen inneren Frieden gibt. Der Mensch, der mit sich all-eins ist und mit leichtem, freudigem Gemüt allein sein kann, der strahlt in die Welt.

Egoismus umgedreht? Schau` nach dir als Mensch, lerne deine Innenwelt kennen, belebe Frieden und Unbegrenztheit deines wahren Wesens und du bist ein Leuchtturm für die Welt und für deine Mitmenschen[1].

Wir Menschen haben von Natur aus eine starke Schöpferkraft

In diesem Buch möchten wir mit dir gemeinsam eine Reise antreten.

Kapitel für Kapitel tauchst du in eine Welt der Anregungen, Erfahrungen und Überleitungen zum Thema *„dein eigenes Licht"* entdecken (auch: Eigentlicht, unsere liebste Wortneuschöpfung) ein. Nicht zu *„spirituell"* – sondern einfach fröhlich, frisch und voller Freude beim Tun. Fast kindlich. Denn Kinder haben dieses innere Licht meistens immer und folgen diesem[2]. Undogmatisch, frei und außerhalb der Boxen.

Herzlichst, Anke und Sonja

---

[1] Mit leicht-meditieren.de, work-life-basel.ch und dem Aktion: Mehr-Wert e. V. haben wir hier passende Anhaltspunkte geschaffen.
[2] Hierzu folgt ein eigenes Kapitel.

2 WAS BRINGT DIR DAS BUCH?

1. Was ist das Problem? Wo ist der Haken an der Sache?

Alle „*Probleme*" sind Aufgaben und meist lösbar. Sie bringen dich weiter in deiner Klarheit. Verstrickungen in täglicher Ablenkung führen nicht zur Lösung, führen nicht zur Freude. Blockaden jeglicher Art lösen sich nicht in den Blockaden, sondern auf einer anderen Ebene.

Merke: Beim Staubsaugen: Öffnest du anschließend den Behälter und analysierst du den Inhalt?

Nein, der Schmutz ist gesammelt und du entsorgst ihn. So funktioniert das auch mit der Reinigungstechnik für den Geist.

2. Warum solltest du das Buch lesen?

Lies' das Buch und setze kleine, einfache und wirkungsvolle Tipps um. Es ist einfach! Wir müssen uns nur wieder an unsere ureigenen Fähigkeiten erinnern. Erfahre die Leichtigkeit.

Dieses Buch hilft dir deine **Trinität von Körper, Geist und Seele** komplett zu entschleunigen. Ausmisten und Loslassen. Aber zusätzlich sind echte Pläne Teil vom Buch (und vom zugehörigen Seminar).

Was bringt dir das Buch?

3. Was passiert, wenn du das Buch nicht liest?

Eventuell wirst du weiter außerhalb von dir nach Gründen, und/oder Problemlösungen suchen. Eventuell wirst du nicht die Quelle der Inspiration und der Kreativität in dir anzapfen. Alles bleibt somit beim Alten. Eine einfache Entscheidung. Vielleicht findest du auch einen anderen Weg für dich. Kein Problem. Wir wünschen von Herzen alles Gute.

4. Welchen Nutzen hast du? Was wirst du lernen?

Du erfährst, wie du durch Leichtigkeit ein Mehr an Zufriedenheit in dein Leben bringst. Du wirst zur Meisterin deines Lebens.

5. Welche Probleme möchtest du momentan meistern? Notiere es für dich:

_____

_____

_____

_____

3 GLÜCK ODER ZUFRIEDENHEIT

Was unterscheidet Glück von Zufriedenheit? Glück sehen wir eher in dem vorübergehenden, intensiven Gefühl der *„Glücks-moment"*. Zufriedenheit schreiben wir einem langfristigen, stabilen Zustand zu. Zufriedenheit ist ein anhaltendes Gefühl von Erfüllung und innerem Frieden, das aus dem Einklang mit eigenen Werten und Zielen entsteht. Wenn wir aufmerksam leben und auf Kleinigkeiten achten, entwickeln sich Abläufe, die unsere Zufriedenheit unterstützen können (Eisele, 2021).

Drei Arten von Glücksmomenten – Vergnügen, Leidenschaft und Sinn in der Tätigkeit – bilden aus unserer Sicht die Basis für das erfüllte Leben:

- **Vergnügen** bringt Momente der Freude (kurzfristig)

- **Leidenschaft** schafft Erfüllung durch Tätigkeiten

- **Höherer Sinn** gibt uns Lebensziel und Sinnhaftigkeit

Erst dieses Zusammenspiel führt zu langfristiger Zufriedenheit.

Wann warst du zuletzt so richtig glücklich, und wann zufrieden? Notiere es für dich in der Dokumentation. Grenze ab!

_____

_____

Glück oder Zufriedenheit?

Die Grafik zeigt, wie das Eigenlicht, Erfolg und Zufriedenheit zusammenspielen, um ein erfülltes Leben zu schaffen:

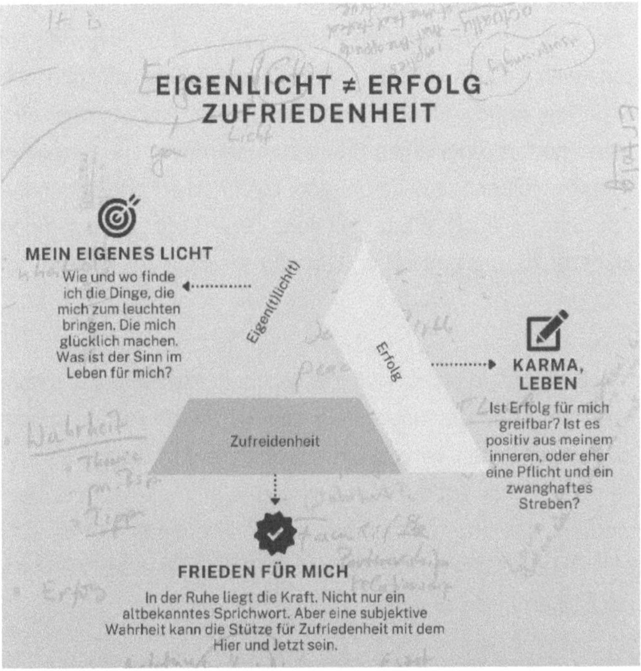

EIGENLICHT ≠ ERFOLG ZUFRIEDENHEIT

MEIN EIGENES LICHT

Wie und wo finde ich die Dinge, die mich zum leuchten bringen. Die mich glücklich machen. Was ist der Sinn im Leben für mich?

Eigen(t)licht)

Erfolg

Zufriedenheit

KARMA, LEBEN

Ist Erfolg für mich greifbar? Ist es positiv aus meinem inneren, oder eher eine Pflicht und ein zwanghaftes Streben?

FRIEDEN FÜR MICH

In der Ruhe liegt die Kraft. Nicht nur ein altbekanntes Sprichwort. Aber eine subjektive Wahrheit kann die Stütze für Zufriedenheit mit dem Hier und Jetzt sein.

Abbildung 1: Zusammenhang des eigenen Lichts, Erfolg u. Zufriedenheit (Quelle: Eigene Darstellung)

Glück oder Zufriedenheit?

• **Eigenlicht**[3] steht für unsere tiefsten Leidenschaften und den Sinn im Leben. Wir haben es von Geburt an in uns. Es beschreibt, diejenigen Tätigkeiten, die uns ehrliche Freude bringen und uns langfristig strahlen lassen – also Dinge, die wir tun, weil sie uns erfüllen. Beispiele dafür sind künstlerisches Schaffen, Handwerk oder Menschen helfen. Es kann aber auch eine Sportart, oder einen Brauchtum betreffen. Hier verbinden sich die Momente aus Vergnügen, Leidenschaft und dem höheren Sinn – auch Werte genannt. Das Licht ist die innere Flamme, die uns antreibt und uns durch schwierige Zeiten trägt.

• **Erfolg** wird oft auf Äußeres bezogen. Mal Status, Reichtum oder berufliche Leistung. Erfolg kann kurzfristig Freude bringen und unser Leben verbessern. Doch ohne Eigenlicht kann der ständige Fokus auf äußeren Erfolg zu einem endlosen Streben werden, das uns nicht ehrlich erfüllt. Allerdings gibt es auch eine Art des Erfolges, die wir selbst definieren – wie wir in Kapitel 13 erfahren werden.

• **Zufriedenheit** ist das Ergebnis eines Lebens, das sowohl Eigenlicht als auch Erfolg integriert. Wer seine Leidenschaft und

---

[3] Wir spielen bewusst mit der Mischung aus dem Adjektiv „eigentlich", da es auch als Füllwort, oder relativierend wirken kann. Denn wir haben eigentlich unser Licht schon in uns und schreiben fortan Eigentlicht.

inneren Werte lebt und gleichzeitig realistische Erfolge angeht, erreicht eher eine nachhaltige Zufriedenheit.

Warum Eigenlicht für langfristige Zufriedenheit sorgt: Eigenlicht schafft **Beständigkeit**. Was das bringt? Beständig bleiben wir viel eher im Einklang mit unseren Werten. Wer diese innere Quelle der Freude entdeckt, hat einen stabilen Anker, der gerade in schwierigen Zeiten hält. Menschen, die ihr Eigenlicht finden, entwickeln eine Motivation, die über persönliche Ziele hinausgeht – sie wollen positive Spuren hinterlassen, sei es durch kreative Werke, Engagement für andere oder innovative Ideen – der höhere Sinn. Und sie haben auch noch Leidenschaft und Vergnügen dabei – hier verbinden sich also Glück und Zufriedenheit zum Großen Ganzen. Sie werden EINS.

Aktivität: Notiere für dich 3 Dinge im Leben, die dich zufrieden stimmen.

4 BASIS DER MEDITATION

Einführung: Was ist Erleuchtung wirklich?

„Erleuchtung" klingt oft nach etwas Mystischem oder Spirituellem – wie ein plötzliches, außergewöhnliches Ereignis, das uns zu tieferem Wissen oder innerer Ruhe führt. Doch in Wirklichkeit kann Erleuchtung auch pragmatisch und bodenständig sein.

Ein alltägliches Beispiel:

Ich war dabei, die Herdplatte zu putzen. Das Licht war gedimmt, also schien alles blitzeblank zu sein. Doch als ich das Licht einschaltete, kam die *„Wahrheit"* zum Vorschein – Flecken! Flecken hatte ich bei zu wenig Licht nicht gesehen.

Dieser simple Moment lässt sich als *„Erleuchtung"* verstehen: Wenn wir in unserem Geist und Körper die *„Lichter einschalten"*, können dunkle Stellen sichtbar werden. Erst dann können wir handeln und Veränderung schaffen.

Das ist Erleuchtung: Ganz banale Erlebnisse können eine einleuchtende Erkenntnis hervorrufen! So lernen wir. So wachsen wir. Ein kleiner Erfolg also.

1. **Erleuchtung ist nicht nur etwas Spirituelles:**

– Erleuchtung ist das momentane, klare Erkennen von Dingen, die im *„Dunkeln"* verborgen waren.

– Sie tritt auf, wenn wir bewusster werden und unser inneres *„Licht"* anmachen.

2. **Bewusstsein und Klarheit als Schlüssel:**

– Um dunkle Flecken in unserem Leben zu sehen – sei es in Bezug auf unsere Gesundheit, unsere Beziehungen oder unsere Gewohnheiten – müssen wir uns die Zeit nehmen, die *„Lichter anzuschalten"*.

– Bewusstes Wahrnehmen ist der erste Schritt, um Veränderung zu bewirken.

3. **Pragmatismus der Erleuchtung:**

– Erleuchtung muss nichts Großes oder Übernatürliches sein. Sie kann ein Moment der Klarheit und Achtsamkeit im Alltag sein, in dem wir Dinge erkennen, die wir zuvor nicht bewusst wahrgenommen haben.

Und diese Klarheit kann ein Moment sein, in dem wir uns in Stille ganz erfüllt und unbegrenzt fühlen; im Frieden mit allem.

Das „Licht anmachen" im Alltag

Übung 1: Bewusstes Wahrnehmen – Schärfe dein Bewusstsein

Nimm' dir einen Moment am Tag, um deinen aktuellen Zustand bewusst zu überprüfen. Achte auf deine Gedanken, Emotionen und deine körperliche Verfassung.

Schritte:

1. Schließe die Augen und atme tief durch.

2. Beobachte deine Gedanken ohne Urteil. Keine Bewertung.

3. Was fällt dir auf?

4. Welche „*dunklen Flecken*" (Probleme, ungelöste Gefühle, ungeklärte Gedanken) kommen ans Licht?

Tipp: Wenn du regelmäßig innehältst und bewusster wahrnimmst, werden dir immer mehr Dinge klar, die du vielleicht vorher nicht bemerkt hast. Wie mit einem Muskel, den du trainierst, so kannst du auch deine Wahrnehmung trainieren.

Übung 2: Achtsamkeit im Alltag

Bringe Achtsamkeit in alltägliche Handlungen. Zum Beispiel beim Putzen, Spazierengehen oder sogar beim Zähneputzen.

Schritte:

1. Wähle eine tägliche Handlung und sei dir der ganzen Erfahrung bewusst (z. B. den Geschmack der Zahnpasta oder das Gefühl des Wassers auf deiner Haut).

2. Achte darauf, was in deinem Geist vorgeht, während du diese Handlung ausführst. Sind Gedanken oder Emotionen da, die du normalerweise nicht bemerkst?

Tipp: Achtsamkeit hilft dabei, den „*Lichtschalter*" in deinem Leben umzulegen. Du wirst feststellen, dass du schneller erkennst, was du ändern möchtest.

Fazit: Erleuchtung kann einfach und bodenständig sein

Die Erleuchtung, die wir suchen, ist nicht nur ein weit entferntes Ziel. Sie ist überall um uns herum, in den kleinen Momenten des täglichen Lebens.

Wenn wir lernen, achtsamer zu sein, unsere Wahrnehmung zu schärfen und „Licht" in die dunklen Ecken unseres Lebens zu bringen, können wir die Veränderung in unserem Leben selbst herbeiführen.

Aktivität:

1. Nimm dir täglich ein paar Minuten für Bewusstsein und Klarheit.

2. Mach es zur Gewohnheit, regelmäßig zu reflektieren und deinen Geist zu beobachten. Achtung: Beobachten ist hier der Schlüssel zum Erfolg.

3. Sei dir darüber klar, dass Erleuchtung nicht spektakulär sein muss, im Grunde ist sie ein gewöhnlicher Prozess im Leben.

Es geht vielmehr um pragmatische Erkenntnisse, die dir helfen, dein Inneres bewusst zu erleuchten.

5 AUFMERKSAMKEIT

"*Das Wichtigste ist nicht, wie viel wir tun, sondern wie viel Liebe wir in das Tun legen.*" (Mutter Teresa)

Robert Dobelli hat praktisch ein ganzes Kapitel dem *Thema "weniger, aber dafür doppelt lesen"* gewidmet. Alles und jeder buhlt um unsere Aufmerksamkeit (Dobelli, S. 220, 2019). Auf den Seiten fasst er zusammen, dass Zeit, Geld und Aufmerksamkeit die wichtigsten Ressourcen sind, mit denen wir unser Leben gestalten können.

Was ist also so wichtig und verdient entsprechende Aufmerksamkeit? Multimedia und Geschrei?

Oder doch eher Muße und ruhiges Schaffen.

Die Themen **Zeit** (Planung und Arbeitsschritte) sowie **Geld** (Das Konten Modell) werden später im Buch angesprochen – so auch in unserem Seminar.

Was aber ist mit unserer Aufmerksamkeit? Wie fokussieren wir richtig? Reizüberflutung senkt bekanntlich die Zufriedenheit. Bewusstes und selbstbewusstes Handeln und Leben – also aufmerksam – unterstützt ein gutes Leben.

Hier spielt das moderne Wort „*Achtsamkeit*' hinein. Achtsamkeit und Aufmerksamkeit verbinden innere Klarheit mit äußerer Wirkung. Bedeutet? Wer achtsam lebt, stärkt seine eigene Lebensqualität und trägt auch zu einer lebensförderlichen, nachhaltigen und respektvollen Welt bei.

Konkrete Ideen hierfür sind die folgenden Stichpunkte:

Umgebung und Ablenkungen minimieren

- **Arbeitsplatz-Optimierung:** Ruhiger, organisierter Raum ohne visuelle oder akustische Ablenkungen.

- **Nicht-stören-Modus:** Mobiltelefon- und Computer-Benachrichtigungen ausschalten, wenn nicht benötigt.

- **Zeitblockierung:** Feste Zeitfenster für Aufgaben in den Kalender eintragen.

Kommunikation und Zusammenarbeit

- **Klarheit schaffen:** Klare Ziele und Prioritäten gegenüber sich und anderen kommunizieren.

- **Ein JA, ein NEIN liebevoll** und ohne Umschweife ausgesprochen, erhöht massiv die Effizienz.

- **Meetings minimieren:** Nur wirklich notwendige Meetings abhalten und mit klarer Agenda.

- **Delegation:** Aufgaben abgeben, die nicht selbst erledigt werden müssen.

Dies gilt also im Privaten und im geschäftlichen Bereich, finden wir. Auch im digitalen Bereich, aber auch in Bezug auf die Planung zur Ausrichtung der Aufmerksamkeit gibt es Tools und Methoden, die wir für die konkrete Zielsetzung kennen oder kennen lernen. Noch ein letzter Punkt:

- **Freizeit und Arbeitszeit trennen:** Freizeiten und Arbeitszeiten bewusst und erkennbar trennen. Hierzu hilft bspw. das Aufräumen der To-Do-Liste, oder ein Klamottenwechsel (so lustig das klingen mag). Einfach, eine klare Trennung. Damit wir uns vollkommen auf das Eine oder das Andere konzentrieren. Und nicht jeweils an das andere denken. Im Hier und Jetzt. Mehr dazu in „Lass' den Affen aus der Box".

Aktivität:

Nenne Methoden, die deinen Alltag strukturieren und Aufmerksamkeit bündeln (Beispiel: Trello als digitale Lösung oder dein Taschenkalender)

6 LASS' DEN AFFEN AUS DER BOX

Die Box: Unser Geist

Die "Box" ist eine metaphorische Darstellung für unseren Geist. In dieser Box steckt das unendliche Potenzial unserer Fähigkeiten und Talente, das wir ausleben wollen!

Doch es gibt gewisse Blockaden: In der Box wohnt ein Affe oder eine ganze Affenbande. Und Affen neigen dazu, ein ziemliches Chaos zu veranstalten. Das wilde Herumtoben und Gekreische ist kein Ruhepol.

Das Ergebnis? Unser Geist wird unklar, wir sind genervt, wir können uns schwer entscheiden oder uns kaum konzentrieren.

Der Affe - die Affen: Unsere Gedanken

Wenn die Box unser Geist ist, was ist dann der Affe? Genau – es sind unsere belastenden, oft unnötigen Gedanken! Wilde, ungezügelte Gedanken, die herumtoben und uns alle manchmal verrückt machen. Eine Affenbande eben! Süß, aber nicht für unseren Kopf geeignet.

Wenn der Affe in der Box tobt:

- Fühlen wir uns gestresst und unruhig.
- Sind nervös und können uns schwer fokussieren. Kennst du dieses Gefühl? Keine Sorge – du bist damit nicht allein.

Platz für dein Äffchen!

Der Trick: Affen zähmen – schick die Affenbande weg

1. Nimm dir Zeit für dich

- Finde morgens und abends einen Moment, der nur dir gehört.
- Wähle einen ruhigen Raum, in dem du ungestört bist.
- Mach es dir gemütlich, aber halte deinen Rücken aufrecht – das hilft dir, wach und präsent zu bleiben.

2. Plane deine „Affen-Beruhigungszeit"

- Starte mit 5 Minuten pro Sitzung.
- Stelle dir einen sanften Weckton ein, aber schalte dein Mobiltelefon aus – dies ist allein DEINE Zeit.

3. Schließe die Augen & lass geschehen

- Sitze entspannt da und lasse Atem und Gedanken fließen.
- Versuche nicht, deine Gedanken zu kontrollieren. Ob viele oder wenige Gedanken auftauchen, alles ist in Ordnung.

4. Beende bewusst

- Nach der Zeit öffne langsam deine Augen.
- Spüre nach, wie sich dein Körper und Geist anfühlen.

Der Effekt: Ruhe im Alltag

Wenn du diese Übung regelmäßig machst, wirst du feststellen:

- Dein Geist wird ruhiger.
- Der Affe (in Form wilder, ungezügelter Gedanken) wird *„gefüttert"* und tobt weniger herum.
- Nach und nach beruhigt sich der Affe so sehr, dass es ihm möglicherweise zu langweilig wird bei dir. Er verschwindet. – Und du kannst dein volles Potenzial entfalten.

Aktivität:

Probiere es aus!

Achte nach einigen Tagen (3-5 Tage), wie sich dein Fokus verändert. Schaffst du es, deine Aufmerksamkeit voll und ganz auf eine Sache zu richten? Beispielsweise nur an die Arbeit und im nächsten Moment nur an die Freizeitaktivität zu denken? Wie fühlst du dich insgesamt?

Denke kurz, aber scharf nach!

Zögern führt manchmal zu Lähmung. Natürlich hängt dies je nachdem auch mit den Affen zusammen. Bei der nächsten *„kleinen"* Entscheidung: Atme 2x tief, denke einmal bewusst nach und entscheide dann klar mit JA oder NEIN. Wie fühlst du dich dabei?

7 ELEFANTEN IN D'HOUSE

Einführung: Die Energie klarer Gedanken

„Je feiner und klarer ein Gedanke oder eine Idee ist, desto mehr Energie steckt in ihr."

Wenn du dich mit dem Thema Manifestation[4] befasst, weißt du, dass Klarheit und Energie zusammenhängen. Klare Gedanken setzen eine immense Energie frei, die sich auf der materiellen Ebene schnell und effektiv manifestieren kann.

Beispiel:

Hast du je ein Atom mit bloßem Auge gesehen? Wahrscheinlich nicht. Aber du weißt, wie viel Energie bei einer Atomspaltung freigesetzt wird. Genauso verhält es sich mit klaren Gedanken: Auch wenn sie unsichtbar erscheinen, entfalten sie eine enorme Wirkung.

1. Die Bedeutung klarer Gedanken

Klarheit im Denken ist entscheidend, um deine Wünsche und Ziele erfolgreich zu manifestieren. Ohne Klarheit verirrt sich die Energie in viele Richtungen. Wenn Gedanken chaotisch oder unklar sind, verlangsamt sich die Manifestation.

---

[4] Wir sind uns bewusst *„Manifestation*" kann verschiedene Dinge bedeuteten – je nach Kontext. Hier meinen wir aber einen bewusst gesteuerten Prozess, durch den Wünsche und Ziele zur Realität werden. Wir stellen uns eine Situation vor und handeln danach.

Anke – Elefanten in the HOUSE

Energie und Klarheit: Klarheit zieht Energie an, die sich leichter in die gewünschte Richtung bewegt. Je klarer der Gedanke, desto präziser und schneller manifestiert er sich.

2. Das Nervensystem und die Elefanten

Stell dir dein Nervensystem als ein Raster mit kleinen Elefanten vor. Jeder Elefant repräsentiert einen Gedanken oder ein Muster, das die Klarheit deines Geistes beeinträchtigt. Je mehr *„Elefanten"* du hast (Stress, Ängste, alte Überzeugungen), desto mehr blockieren sie die Klarheit deiner Gedanken.

Metapher:

Diese Elefanten stehen für innere Unruhe, alte Muster und ungelöste Emotionen. Sie verzerren die Gedanken und verhindern einen klaren, ungehinderten Fluss der Energie.[5]

Der Gedanke 1 wird zweimal von Elefanten-Blockaden gefärbt. Gedanke 2 geht kraftvoll und kreativ vom Unmanifesten[6] in das Manifeste. Gedanke 3 wird durch einen großen Elefanten an der Oberfläche gefärbt.

---

[5] Mehr zum Thema Meditation findest du auf www.leicht-meditieren.de
[6] Unmanifest versus Manifest: Siehe für Interessierte hierzu die Vereinheitlichte Feldtheorie, nach der alles aus einem mit sich selbst interagierenden, dynamischen Feld entspringt und sich Schritt für Schritt aus dem Unmanisten im Manifesten ausdrückt. Zum Beispiel der menschliche Körper: Vereinheitlichtes Feld, Reine Intelligenz, Strukturierende Einheit, DNA, Zellen des Körpers, Organe, Systeme und schließlich die menschliche Physiologie als solche.

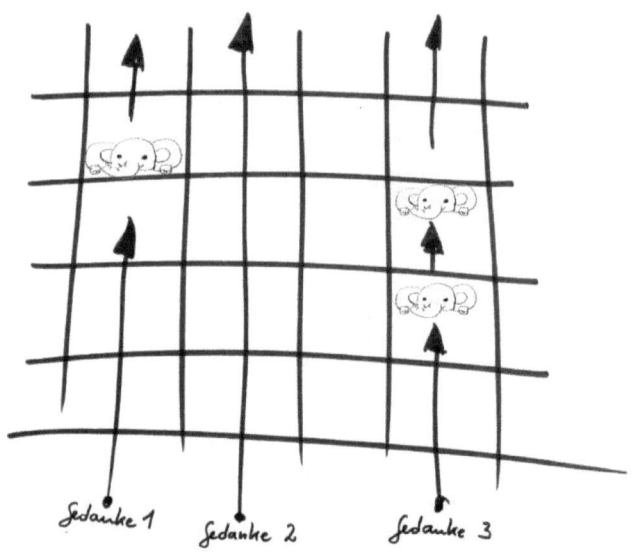

Gedanke 1   Gedanke 2   Gedanke 3

Von hier steigen Gedanken auf:
Kreative, liebevolle, kraftvolle Ideen!

Abbildung 2: Elefanten erkennen

Das könnte ein kleines Ärgernis mit Arbeitskollegen oder ein Aufreger während der Autofahrt gewesen sein, die uns emotional noch nachhängt. Dies exemplarisch für das Verständnis.

Anke – Elefanten in the HOUSE

8 LOSLASSEN

Die Themen Geld, Zeit, Ziele und Wünsche spielen eine Rolle in unserem Leben. Man könnte sagen, viele Menschen werden gesellschaftlich auf diese Ausrichtung trainiert. Von außen.

200 % Leben[7], der Titel unseres Seminars, ist die feine Justierung zwischen echter Zufriedenheit mit Werten verbunden – siehe in den vorherigen Abschnitten. Wir wissen, wie das mit der Aufmerksamkeit geht. Und auch, wie wir chaotische Affen und Elefanten entdecken und loswerden.

Das Stichwort ist also: Loslassen!

Nämlich diejenigen täglichen Gedanken (Affenbande) und Blockaden (Elefanten), die unser Eigenlicht stören. Nach und nach. Loslassen und zielgerichteter Fokus sind elementar. Klingt das noch abstrakt und kompliziert? Dann zwei Zitate:

„Die reinste Form des Wahnsinns ist es, alles beim Alten zu lassen und gleichzeitig zu hoffen, dass sich etwas ändert." – Albert Einstein

Auch *„Loslassen ist der Schlüssel zum Glück"* – Buddha

Unsere Gefühle und Gedanken stärken unsere neuronalen Netze. Alles, was wir denken, und wie wir handeln, bewirkt eine Veränderung. Wir lassen etwas Altes los. Doch wie gelingt es uns - gerade in komplizierten Lebenslagen? Oft folgt die Ernüchterung *„ich kann doch nichts ändern"* und ähnlich. Aber doch! Gerade dann. Mit Kreativität.

---

[7] Das Seminar zum Buch unter work-life-basel.ch.

Denn auch durch *„nichts-tun"* gibt es Veränderung. Aber nicht in der Art, wie wir es uns wünschen. Dann kommen alle Affen wieder zurück?! Besser nicht. Also wie wäre es mit Mut statt Wut?

Hier zeigt sich der Spiegel von Wut ist Mut. Emotionen wirken auf Gedanken, Gedanken aufs Handeln und so weiter.

Wir müssen nicht zuerst aus dem gewohnten Alltagstrott ausbrechen und uns immer wieder aus der Komfortzone winden. Aber um unser Verhalten dauerhaft zu ändern – Stichwort *„neues Lebensgefühl"* können wir **Gewohnheiten neu ausrichten**. Dazu helfen simple Notizen.

Beispiel:

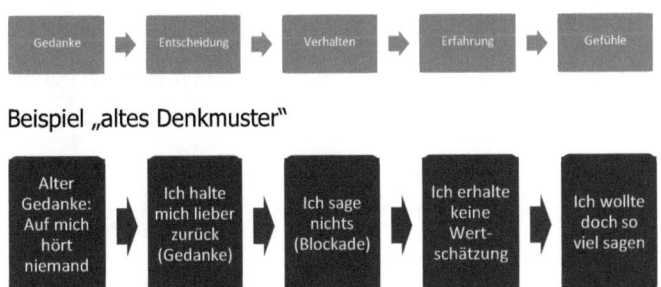

Beispiel „altes Denkmuster"

Sonja – Loslassen

Beispiel „neues Denkmuster"

Abbildung 3: Denkmuster erkennen/verändern

Nutze die Atmung in allen Lebenslagen:

In der 4.0 Basis der Meditation haben wir das Innehalten und einfach „*atmen*" besprochen. Kostet dich das neue Denkmuster etwas Überwindung? Dann hilft es bei der Entscheidung 3-4 tiefe Atemzüge zu nehmen, dann entscheiden, dann aktiv werden. Probiere es aus.[8]

Menschen lieben Gewohnheiten. Ist das jetzt vielleicht ein wunder Punkt?

Eine Wahrheit ist: Gleiche Gedanken und Gefühle von gestern, erschaffen immer wieder dieselben Lebensumstände. Neue Wege (Überzeugungen, Verhalten und Erfahrungen) schaffen neue Lebensumstände. Lasse die „*alten Gedanken los*" – schreibe dir bewusst „*neue*" auf. Und dann? Dann hast du alles aus 5.0 bis 7.0 dauerhaft neu ausgerichtet und bist bereit für dein Eigenlicht.

---

[8] Natürlich können wir nicht alles „veratmen". Aber von Geburt an, ist es der Atem, der uns eine Kraft gibt, die wir kaum wahrnehmen. Es gibt sogar Bücher zum Thema „Atmen", und das richtige Atmen verlernen. Eine sicher unterschätzte Kraft.

Sonja – Loslassen

Aktivität:

Schreibe zu einem – dir wichtigen – Thema deine bisherigen Denkmuster auf:

Notiere dann den zukünftigen Ablauf, also wie du es gerne hättest:

Streiche dann die überholte *„alte"* Variante mit einem Stift durch.

Behalte das Blatt, hänge es dir irgendwo gut sichtbar zuhause oder gar am Arbeitsplatz auf. Schaue es dir immer wieder an und verinnerliche die neuen Abläufe.

Gedanken zum Nachdenken (oder Gedankenaustausch)

Lass die Gedanken und Zitate wirken. Still. Ruhig. Dann schreibe spontane Gedanken dazu auf. Teile sie, nur wenn du das möchtest, mit einem guten Freund.

9 ALS KIND DIE WELT ENTDECKEN

– und als Erwachsener daran anknüpfen

Als kleine Menschen erblicken wir diese Welt – unerfahren, neugierig und voller Staunen. Alles um uns herum erscheint wie ein einziges großes Abenteuer. In den ersten Lebensjahren, etwa von 0 bis 7 Jahren, erleben wir die Welt mit einem reinen Bewusstsein: frei von Bewertungen, ohne Ego-Identität oder das Gefühl eines festen *„Ichs"*. Wir sind einfach wir selbst, unverfälscht, verblüfft von all den bunten, spielerischen Eindrücken, die uns umgeben. Kinder sind von Natur aus aufmerksam und zufrieden – solange Bedürfnisse gestillt sind. **Ganz natürlich.**

Doch schon in dieser Zeit beginnen wir, uns an die Gesellschaft anzupassen. Wir werden geprägt von den Erfahrungen und Glaubenssätzen unserer Eltern und des näheren Umfelds. Diese Konditionierungen sind nicht unser eigenes Selbst, sondern spiegeln die Gedanken, Meinungen und Überzeugungen anderer wieder – oft über Generationen hinweg vererbt.

Allmählich formen wir daraus eine Identität, die manchmal nur teilweise mit unserem wahren Inneren übereinstimmt. Wir passen uns an, um dazuzugehören, doch verlieren dabei oft die Verbindung zu der kindlichen Leichtigkeit und Freude, die uns ursprünglich erfüllt hat. Früher war die Zugehörigkeit immer wieder situativ oder vollumfänglich überlebenswichtig[9].

---

[9] Bis heute hat sie einen psychosozialen Effekt – dazugehören ist wichtig, jedoch lange nicht mehr in dem Ausmaße. Sofern unsere grundlegenden Bedürfnisse*, wie Nahrung, Kleidung, Nähe und Erholung gesichert sind. Dies nur sehr salopp. Unter der Maslowschen Pyramide gäbe es weitere Details zum Thema (Bär et. al., 2007, S.174).

Anke – Kinder entdecken die Welt

Zurück zur inneren Freiheit – wie ein Kind

Auch als Erwachsene sehnen wir uns nach Momenten der Ruhe, Stille und Verbundenheit mit der Natur. Wie wäre es, sich wieder mit dem spielerischen Kind in uns zu verbinden? Einfach jeden Tag ein paar Minuten für uns selbst zu nehmen, um loszulassen und dem Fluss des Lebens zu vertrauen.

Stell dir vor, wie befreiend es wäre, dich bewusst dieser Leichtigkeit hinzugeben und deine wahren Qualitäten zum Vorschein zu bringen. Wie ein Kind, das neugierig und ohne Bewertung die Welt entdeckt.

Übungen für mehr kindliche Leichtigkeit

1. **Erinnerung an deine Kindheit:**
   Was hast du als Kind am liebsten gespielt? Vielleicht kannst du dir dieses Spielzeug nehmen/kaufen/leihen und dich für einen Moment einfach treiben lassen.

2. **Kindertag einplanen:**
   Nimm' dir einmal im Monat einen Tag, an dem du etwas tust, das dir als Kind Spaß gemacht hat: ob Schaukeln im Park, Malen mit bunten Stiften oder der Besuch eines Abenteuerspielplatzes.

3. **Im Alltag innehalten:**
   Plane täglich ein paar Minuten, um dich auf das Hier und Jetzt einzulassen. Schließe die Augen, atme tief durch und spüre die Freude über die kleinen Dinge im Leben.

Es liegt in deiner Hand ...

... diese Leichtigkeit in deinen Alltag zu holen. Spiele, staune und genieße den Moment – wie ein Kind. **Freue dich daran, dass du da bist, dass du lebst. Atme. Lächle.** Genau DAS ist Manifestation im Hinblick auf dein eigenes Licht.

10 ZIELE NENNEN UND UMSETZEN

Nachdenklich berührt bei der Arbeit

Zielstrebig stellte ich bei einer Lesung mein wertvollstes Werk in Basel vor, als ein Teilnehmer sagte: *„Geh doch nach deiner Lesung lieber mit deinen Kindern in den Wald, Hölzli klopfen – ist das nicht noch sinnvoller als das Ehrenamt?"* Zunächst war ich irritiert, peinlich berührt und dachte: *„Was soll das jetzt?"* Schließlich präsentierte ich hier meine ganze Arbeit, meinen Abschluss, meine Reputation – und dann wurde ich auf den Wald und meine Kinder *„reduziert"?*

Halt, STOPP – zurück zu der Frage: „Was genau sind wirklich MEINE Ziele?" – Was meint hier „sinnvoll"?

Das Familienleben ist ein Teil meiner Werte und ein Ziel von mir! Es gehört zu mir. Es ist nicht zwingend abwertend gemeint. Und sollte es je böswillig gemeint gewesen sein: So sollte ich es zumindest nicht abwertend betrachten.

Vielleicht ist es eine Wiederholung, aber genau darum geht es: Immer wieder neu ausrichten und fragen: Was sind gerade meine Ziele? Sind es Reichtümer? Oder ist es Zeit? Aufmerksamkeit? Sind da gerade Affen in meinem Kopf, die meine Emotionen ablenken – von dem was MIR wichtig ist?

Muss ich einen Job nur deshalb machen, weil ich einen Master of Science habe und er viel Geld einbringt – selbst, wenn er gegen meinen Willen ist? Oder in eine Sackgasse für mein persönliches Wertekonstrukt führt? Die Lesungen waren keine Sackgassen, aber verglichen mit dem Wald und meinen Kindern sehr aufwändig. ☺

Also ist der Wald eine Alternative auf Augenhöhe? Mindestens! Zudem spare ich Ressourcen, wie Zeit, Geld und Material.

Die eigentliche Frage lautet: Was ist mir wirklich wichtig? 😐 Genau hier setzt unser Thema an. Deshalb sind wir hier in diesem Buch. Es geht um Werte und das gute Bauchgefühl. Wieder um Eigenlicht. Aber klar, auch um's Bedürfnisse stillen.

Passendes Zitat hierzu: „Mein ganzes Leben ist verfehlt, dachte Herr Fusi. Wer bin ich schon? Ein kleiner Friseur, das ist nun aus mir geworden. Wenn ich das richtige Leben führen könnte, dann wäre ich ein ganz anderer Mensch." (aus Hille, 2016, S. 58 / M. Ende).

Doch Herr Fusi hat sein Ziel nicht zwingend verfehlt. Ich auch nicht. Du auch nicht, wenn du deinem Eigenlicht folgst.

Zusammengefasst:

Es geht weniger darum, vorwärtszugehen nach dem Motto *„immer höher, schneller weiter"*, sondern darum innezuhalten, um sicherzustellen, dass der Weg tatsächlich der eigene ist. Und das ist er. Lesung oder Hölzli – beides gut für mich. *Viel Geld – koste es, was es wolle? Kann ein Ziel sein, aber sicher nicht meines.*

Also zum Ausgang dieses Teilnehmers meiner Lesung: Wieso sollte ich diese Stimme negativ aufnehmen? Der Mann hat einen Vorschlag geliefert. Bewusst, kraftvoll und durch ehrliches Reflektieren[10].

---

[10] Zum Thema SELBST, d. h. Selbstreflexion, Bewustsein, Energiemanagement, Selbstmanagement, Leader-Haltung und TUN. Hat Katja Grolimund derzeit eine umfassende Beratung bereitgestellt. Wir waren dazu persönlich im Kontakt: katja-grolimund.ch.

Dass ich das Reale als mein Leben sehe. Nicht nur die Lebensumstände planen und voranbringen, sondern auch das Leben
selbst. Mein Ziel habe ich seither nachjustiert. Das heißt
„menschlich" Bewegungskurse und „Wohlfühlkurse" anzubie-
ten, ganz ruhig und gerade für Zielgruppen ohne riesige
Lobby (Eltern, Senioren etc.) – in einer Welt, die immer lauter
schreit und nicht „Immer-schneller-in-immer-kürzerer-Zeit"
(ff., S. 40). Denn gerade so, kann ich meine Leidenschaft am
Tun weiterwachsen sehen und pflegen. Wie in dieser Schrift
hier.

Dieser Mann und seine Aussage waren nach diesem kurzen
Innehalten somit kein Problem. Sondern mein in „reduziert"
denken. Völlig unnötig, bei genauer Betrachtung MEINER
Ziele. Ich bin immer wieder dankbar für Situationen wie diese.

Wie geht es dir? Was ist dein aktuelles Ziel im Leben?

**Wann hattest du eine Situation, in der du durch Selbs-
treflexion aus etwas „Unangenehmen" eine positive
Veränderung geschaffen hast?**

Yoga-Übungen können auf die Ziele ausgerichtet sein:

1. Harmonisierung des Lebens

2. Die Erweckung latenter und *„schlafender"* Fähigkeiten

3 Die Vereinigung mit dem höheren Selbst, dem Göttlichen oder auch *„Kosmischen Bewusstsein"*; Erlangung von Einheit

Yoga ist nach meiner Auffassung weder purer Sport noch eine Religion. Vielmehr ist es eine umfassende, transformative Methode, die den Körper und den Geist anspricht und beide in Einklang bringt. Es ist ein Training, das Körper und Psyche gleichermaßen ausbalanciert und stärkt. Ebenso die Meditation. Die Essenz liegt darin, den Augenblick bewusst zu erleben, sei es im Yoga, in der Meditation oder in den kleinen Handlungen des Alltags. Mehr dazu in Abschnitt 24.00.[11]

Abbildung 4: Was ist Harmonie?
(Eigene Grafik)

---

[11] Dies ist meine Zusammenfassung. Experten und Expertinnen in den verschiedenen Yoga-Stilen gibt es weltweit. Sie alle beantworten i. d. R. deine Fragen umfassend.

Sonja – Brauchen wir Ziele?

Aktivität:

Ziele sollten nach SMART auch umsetzbar sein. Wir besprechen nun konkret, wie wir die Methode nutzen. Nimm' dein Ziel von oben und trage es hier ein.

Spezifisch, weil

_____

Messbar, denn

_____

Attraktiv, da

_____

Realistisch

_____

Terminiert

_____

Eine Alternative für zuhause, hier das WOOP-System kurz zusammengefasst. (Grünwald, 2023).

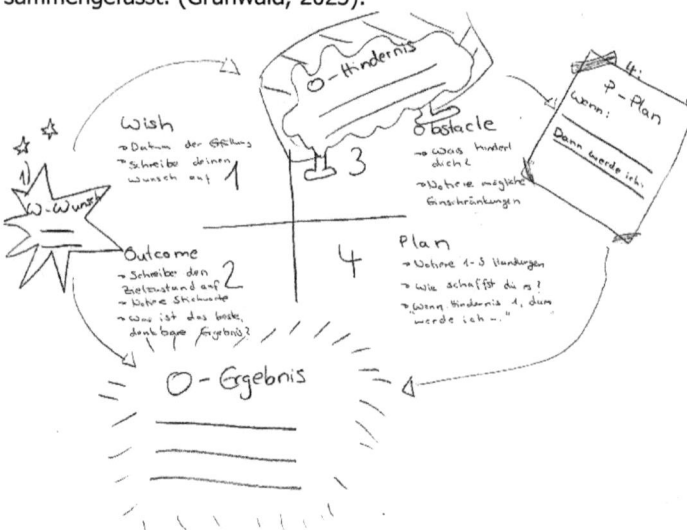

Abbildung 3: WOOP zur Visualisierung eines Zieles (nach Grünwald, 2023)

Oder auch die Rückwärtsplanung in der wir nach (Sher, 2004). Vom geplanten oder erreichten Zustand auch, Schritt-für-Schritt zurück planen. Nähere Erläuterungen könnt ihr euch bei *„Du bist einfach genial"* (Eisele, 2021) in der Rubrik „Ziele" herauspiken.

Zusammenfassend:

Jeder nutzt andere Helferlein. Der Schlüssel zum Erreichen von Zielen ist meiner Meinung nach, sie in kleine, konkrete Schritte zu unterteilen und den Fortschritt bspw. via SMART / WOOP zu überprüfen. Bleib flexibel und passe deine Strategie an, wenn nötig. Behalte das große Ziel und dein Eigenlicht dabei immer im Blick. Beachte deine Gefühle und „*erleuchte*" deine Gedanken.

Zeichne deine eigene Visualisierung nach WOOP ...

11 HÖHER – SCHNELLER -WEITER

Der Beste | Die Schnellste | Die Schlauste | Der Schönste: Ego-Konditionierung ist eine Illusion ⚡

Hast du dich schon einmal gefragt, ob du in der *„Ego-Falle"* steckst? In einer Welt, die ständig Wettbewerb und den Drang zur Selbstoptimierung fördert, sind Menschen augenscheinlich gezwungen, sich mit anderen zu messen. Sei es in der Schule, im Sport oder auf Social Media – überall lauern Wettbewerbe, und Meisterschaften. Es scheint, als sei unser Ziel immer klar: Gewinne, sei besser und lass dich feiern. Doch ist das in jedem Fall das wahre Ziel des Lebens? Und ist das erfüllend?

Im Leistungssport: Klares JA. Dort gehört es mit Sicherheit hin. Alles mit dem Titel *„Leistung"*, okay. Vielen Dinge im Leben jedoch sind deshalb besser und führen uns selbst und die Menschen besser zum Ziel, wenn sie nicht auf Wettbewerb ausgelegt sind. Abwägen ist der Schlüssel.[12]

Die Falle der Ego-Konditionierung:

Von außen wird uns suggeriert, dass ausschließlich der *„Beste"*, die *„Schnellste"* oder der *„Schönste"* zählt. Doch was, wenn diese Idee eine Illusion ist? Was, wenn unser wahres Wesen jenseits von Wettbewerb und Anerkennung liegt?

---

[12] Wir sprechen uns klar nicht gegen gewisse Leistungskurse, wie bspw. Olympia aus. Menschen lernen dadurch in ausgewählten Situationen auch dazu. Aber nicht im Alltäglichen. Das Leben sollte auch leicht und ohne ständige Vergleiche gehen.

Sicher, wir brauchen Ressourcen (siehe ein Maß an Geld, Zeit und Aufmerksamkeit). Aber eben nicht mehr und nicht weniger für unseren Alltag.

Statt uns in jeder Situation mit anderen zu messen, könnten wir die Vorstellung annehmen, dass wir alle einzigartig und voller Talente sind – ganz ohne Konkurrenzdenken.

Bist du auch schon in diese Falle getappt? Dass, ob Arbeit, ob Kegeln mit Freunden, oder auch *„wer kocht das beste Abendessen"* deinen Alltag spickt mit Messwerten. Verstehe ich nur zu gut. Es ist schwer, sich diesem Druck zu entziehen, besonders wenn er überall präsent ist.

Aber hier kommt die gute Nachricht: Du kannst jederzeit aussteigen und loslassen.

Die Reise ins Innere:

Deine wahre Quelle der Zufriedenheit

Lass uns kurz innehalten. In der Stille, in der Meditation, entdecken wir etwas Tieferes: Unser wahres Selbst, unser Wesen, hat nichts mit den *„Ego-Konditionierungen"* zu tun. Sie gehören nicht zu dir, sie sind nur ein Konstrukt, das dir von außen aufgezwungen wurde. Du hast die Macht, dieses Konstrukt für dich zu durchbrechen.

Schau dir dein Leben und die Gesellschaft aus einem anderen Blickwinkel an. Überlege, was sich *„echt"* anfühlt und was dir als *„Ziel"* aufgezwungen wird. Was glaubst du? Muss das Leben so sein, wie es dir von außen vorgegeben wird?

Übung: Achtsamkeit und Bewusstwerdung

1. Reflexion: Nimm dir 10 Minuten Zeit und schließe deine Augen. Atme tief ein und aus. Denke über die sozialen Normen und Erwartungen nach, die dich beeinflussen. Was von diesen Vorstellungen fühlt sich für dich wahr und authentisch an? Was ist eine „*Falle*"?

2. Meditation: Praktiziere eine einfache Meditation, in der du dich auf deinen Atem konzentrierst und dich von den äußeren Erwartungen distanzierst. Erlaube dir, zu fühlen, dass du auch ohne äußeren Erfolg wertvoll und einzigartig bist.

3. Zufriedenheit im Inneren: Denke an einen Moment, in dem du dich innerlich zufrieden und erfüllt gefühlt hast – ganz ohne äußeren Erfolg. Was war das für ein Moment? Wie kannst du diese innere Ruhe im Alltag wiederfinden?

Schritt für Schritt:

Du musst nicht alles auf einmal ändern. Nimm einen Schritt nach dem anderen. Du kannst jederzeit bewusst entscheiden, wie du auf die Welt und ihre Erwartungen reagierst. Baue deine Zufriedenheit von innen heraus auf, ohne dich ausschließlich von äußeren Maßstäben verunsichern zu lassen.
Anmerkung: Feedback und Anregungen von außen sind gut, wir lernen dadurch. Entscheiden dürfen wir jedoch selbst. Im Sinne des Eigenlichtes.

Zusammenfassung:

Die „*Ego-Konditionierung*" ist eine Illusion, die uns in die Falle lockt. Aber du kannst aussteigen. Du hast die Möglichkeit, das Leben jenseits von Wettbewerb und äußeren Erwartungen zu erleben. Finde innere Ruhe und Zufriedenheit. Das wahre Ziel des Lebens ist nicht, überall der oder die Beste zu sein, sondern dein wahres Selbst zu entdecken und das eigene Licht zu (er)leben. Dann bist du dem „*besten Weg*" gefolgt. Du gibst dennoch dein Bestes – wenn wir bei diesem Wort bleiben.

12 GELD UND WAHRE WERTE

Unser täglich Brot: Geld und wahre Werte

In der heutigen Zeit scheint es oft, als drehe sich alles um Geld – sei es in der Wirtschaft, Gesellschaft oder dem täglichen Leben. Doch was ist Geld wirklich? Wir erleben es als ein scheinbar unverzichtbares Gut, aber wie tief blicken wir wirklich in die Bedeutung von Geld?

Was ist Geld wirklich?

Geld ist ein Tauschmittel. Früher war es in Form von Edelmetallen wie Gold oder Silber präsent, heute existiert es in Form von Papiergeld oder digitalen Währungen. Doch Geld ist nicht nur ein Wertaufbewahrungsmittel und Zahlungsmittel. Es ist auch ein Symbol für **Sicherheit**, **Status** und **Macht**. Die Frage, was Geld tatsächlich bedeutet, lässt sich also nicht einfach beantworten. Jedenfalls geben wir Menschen ihm Vertrauen und dadurch eine Bedeutung. Sonst könnten wir mit Geldscheinen auch einfach ein Lagerfeuer machen.

Geldschein, Gold und Immobilien: Symbolik und Wert

- **Geldschein:** Ein Geldschein ist eigentlich nur ein Stück Papier, das seinen Wert durch das Vertrauen in eine Institution wie eine Zentralbank erhält. Dieser Wert existiert nur, weil alle Menschen diesem Papier einen realen Wert zuschreiben.

- **Gold:** Im Vergleich dazu hat Gold einen intrinsischen Wert, da es knapp ist und historisch als Wertspeicher anerkannt wurde. Aber auch der Wert von Gold hängt von einem funktionierenden System und gesellschaftlicher Anerkennung ab.
- **Immobilien:** Häuser sind für viele nicht nur ein Ort zum Leben, sondern auch ein Statussymbol. Immobilien können als langfristige Investition betrachtet werden, deren Wert mit der Zeit steigen kann. Doch was passiert, wenn der Fokus zu sehr auf materiellem Wohlstand liegt und wir den **wahren Wert** aus den Augen verlieren?

Wahre Werte: Was wirklich zählt:

Wahre Werte sind nicht in Geld oder Besitz messbar. Es sind Dinge wie **Liebe**, **Freundschaft**, **Gesundheit** und **Zufriedenheit**. Diese Werte sind nicht käuflich und können nicht in Banknoten oder Goldbarren umgewandelt werden. Dennoch lässt sich nicht leugnen, dass **finanzielle Mittel** eine Rolle in unserem Leben spielen. Sie bieten uns die Möglichkeit, ein Leben in Sicherheit zu führen, Wünsche zu erfüllen und Wohlstand zu genießen. Zwar gibt es wieder Tauschgeschäfte[13], aber unsere Miete und unser vielfältiges Essen müssen wir meistens in Geld kaufen.

Die wahre Kunst liegt in der Balance:

Es geht darum, ein finanzielles Fundament zu haben, aber sich nicht von Geld und Besitz beherrschen zu lassen.

---

[13] Selbstversorger sind rar. Besonders in einer Welt der Spezialisierung. Wir Menschen brauchen einander in vielen Belangen und Geld ist hier nützlich.

Wir müssen lernen, das **richtige Gleichgewicht** zu finden und den Fokus nicht ausschließlich auf den materiellen Gewinn zu richten.

Das Konzept der finanziellen Ausrichtung

Ein wichtiger Aspekt, um finanzielle Klarheit und Sicherheit zu schaffen, ist ein gutes **Kontenmodell**. Das sogenannte **3-Konten-Modell** oder auch **5-Konten-Modell** ist eine Möglichkeit, die Finanzen zu strukturieren und dabei die richtigen Prioritäten zu setzen:

1. **Haushaltskonto:** Für alltägliche Ausgaben.

2. **Spar- oder Rücklagenkonto:** Für langfristige Ziele oder Notfälle.

3. **Investitionskonto:** Für Kapitalanlagen wie Aktien, Fonds oder Immobilien.

Diese Struktur hilft, die Finanzen im Blick zu behalten und gezielt an den eigenen Zielen zu arbeiten, ohne sich von kurzfristigen Trends oder der Jagd nach immer mehr Geld ablenken zu lassen.

Wenn dich das im Detail interessiert, gibt es im Internet[14] dazu zahllose exakte Erklärungen. Zum Beispiel das 6-Konten-Modell vom kanadischen Business- und Motivationscoach T. Harv Eker.

---

[14] Bspw. unter: https://www.tomorrow.one/de-DE/magazin/3-konten-modell/

Kakebo – Eine Methode aus Japan

Ein weiteres interessantes Konzept im Umgang mit Geld ist
Kakebo, eine japanisches Haushaltsbuch (NGV, 2018), das
uns dabei hilft, bewusst mit unseren Ausgaben umzugehen.
Der Prozess ist einfach, aber wirkungsvoll:

- **Schritt 1:** Wenn du etwas kaufen möchtest, schreibe
  den Wunsch auf einen Zettel und bewahre ihn für 30
  Tage auf.
- **Schritt 2:** Frage dich nach 30 Tagen, ob du den
  Wunsch immer noch hast.
- **Schritt 3:** Entscheide, ob du den Wunsch weiterhin
  verfolgen möchtest, oder ob er sich erledigt hat.

Durch diese Methode wird der Fokus vom Preis auf den **wirklichen Wert** des Wunsches verschoben. Sie hilft, Impulskäufe
zu vermeiden und bewusster zu entscheiden, was wirklich
wichtig ist.

Das Mangelbewusstsein vs. die Fülle

Zu oft sind wir in einem **Mangelbewusstsein** gefangen, das
uns dazu verleitet zu denken: *„Das kann ich mir nicht leisten."*
oder *„Das ist aber teuer!"*. Diese Gedanken beeinflussen unsere Haltung gegenüber Geld und, wie wir mit unseren Finanzen umgehen. Aber warum? **Warum definieren wir unseren Wert immer wieder über einen Preis?**

Meine Strategie der Fülle ist eine andere: Der Preis ist
erstmal zweitrangig. Vielmehr geht es darum, **bewusst zu
entscheiden**, was ich wirklich brauche, was mich weiter-
bringt und was mir Freude bereitet. Wenn ich diese Fragen für
mich beantworte, wird der Preis oft weniger wichtig.

Es geht um den **Wert** der Entscheidung, nicht um die Höhe des Preises.

Jetzt wird manch einiger sagen, *„So weit, so gut, ich bin frei von Mangelbewusstsein und in mir ist klar, dass ich alles, was ich wirklich will früher oder später erreiche*[15]*."* Und nun kommt das große aber: Stell dir die Frage nach dem Sinn. Nehmen wir ein Luxusgut, ein schnelles teures Auto, oder sonst eine materiellen Gegenstand. Fühlt es sich wohlig/sinnig an dieses Gut zu erreichen in diesem Lebenszyklus? Oder fühlt es sich vielmehr egoistisch/überflüssig an. Gehe WIRKLICH in dich. Setz dich in den Schneidersitz und denke mit geschlossenen Augen darüber nach. Dies ist Konzentration. Keine Meditation.

Entscheide dich schließlich.

Warum solltest du das Ziel erreichen? Oder warum sollte es, *„unerreichbar"* bleiben? Notiere, wenn du das möchtest für dich – verwerfe oder verfolge die Sache daraufhin weiter ...

Exkurs zum Gedankenaustausch: Du kaufst etwas was ein großer Wunsch von dir war, wie fühlte sich das an?

Gehe ein paar Minuten in dich, denke nach, fühle nach, philosophiere darüber ... was wünscht du dir im Moment? Warum?

---

[15] Ein völlig anderes Thema ist, wenn Grundbedürfnisse nicht realisierbar sind. Dies klammern wir an der Stelle aus, da es ein eigenes großes Thema darstellt.

Anke – Wahre Werte und das Geld

Schreibe es folgend auf:

_____

_____

_____

_____

Fazit: Geld als Werkzeug – nicht als Ziel

Geld ist ein Werkzeug, ein Mittel zum Zweck – aber es sollte nicht unser einziger Maßstab für Erfolg und Glück sein. Wahre Werte wie **Zufriedenheit**, **Beziehungen**, **Gesundheit** und **persönliche Entwicklung** sind von weit größerem Wert.

Finanzielle Planung ist wichtig, aber ebenso wichtig ist es, sich auf **langfristige Ziele** auszurichten und ein Leben zu führen, das sowohl **materiell abgesichert** als auch **emotional und geistig erfüllend** ist.

„Aber verleiht Geld nicht automatisch Macht, Einfluss und Erfolg? Kann das mein Eigenlicht denn nicht unterstützen? Mit viel Geld könnte ich tun und lassen, was ich will, um meine Träume zu erfüllen, oder?"

13 JENSEITS VON GELD - ERFOLG

Warum sollte Geld[16] (nicht) der (hauptsächliche) Antrieb für unser Schaffen sein? Weil Erfolg tiefer geht und nicht auf äußeren Ergebnissen basiert. Erfolg hat seine Wurzeln im Wort „*erfolgen*" – der logischen Konsequenz einer Handlung. Etwas tun und dabei Freude empfinden, leuchten, und in deinem eigenen Licht stehen: Das ist der wahre Erfolg. Dann kommt in den meisten Fällen Geld noch dazu.

Bringt Geld Erfolg? Oder bringt Erfolg Geld?

Hier sind wir wieder bei den Werten, wie im vorherigen Kapitel. Aber es geht um mehr. Um das Schaffen von Neuem.

Stell dir vor, du gründest ein Unternehmen oder strebst eine wichtige Entscheidung an. Natürlich sind Erwartungen an das Ergebnis legitim. Doch wenn diese Erwartungen dich festhalten, steigt das Risiko von Enttäuschungen. Stattdessen könnte der Fokus darauf liegen, **den Prozess zu genießen** – mit vollem Einsatz, Leidenschaft und Neugier. **Erfolg wird dann zur natürlichen Folge deines Tuns, nicht zur externen Bewertung**. Und mit diesem Erfolg kann dann auch Geld kommen. Aber nicht immer und nicht immer viel.

Ist das zu abstrakt gedacht?

Das Streben nach rein äußerlichen Maßstäben – Reichtum, Einfluss oder Macht – kann ablenken von deinem inneren Antrieb, deinem Eigenlicht.

---

[16] Besonders sogenanntes Fiatgeld / gültige Währung.

Kleiner Einschub: Manch ein Psychologe ersetzt das Wort Erfolg sogar durch „*Gelingen*", da Erfolg vermeintlich etwas ist, das den Wert der Sache als etwas, das aus „*den Augen anderer erfolgt*" ..."*der sich im nächsten Moment auflöst*". beschreibt (Lütz, 2015)

Nehmen wir an: Dein inneres Licht leuchtet dann am stärksten, wenn du deinen Weg gehst, mit all deiner Kraft und Liebe zu dem, was du tust.

Letztlich bringt dieser Ansatz Gelassenheit und Zufriedenheit, da du den Moment wertschätzt und das Ergebnis annimmst, wie es kommt. Das ist Erfolg. So entsteht ein Kreislauf: Freude am Tun führt zu innerer Ruhe und echtem Erfolg, frei von Vergleichen oder äußeren Maßstäben.

Die Verbindung zu uns selbst

Erfolg von innen heraus entsteht, wenn wir auf unsere innere Stimme hören. Doch wann **verlieren** wir diese Verbindung?

- Wenn wir Entscheidungen überstürzen. Deshalb: Atme. Nimm' dir kurz einen Moment, oder eine Nacht – dann entscheide, aber konsequent.

- Wenn wir anderen erlauben, zu entscheiden, was richtig für uns ist. Frage: Ist das gut für mich?

- Wenn wir uns selbst keine Zeit oder Raum geben. Wichtig: Wir brauchen Pausen.

- Wenn wir abgelenkt oder erschöpft sind. Thema: Gleichgewicht.

- Wenn wir letztlich „Ja" sagen, obwohl unser Innerstes „Nein" schreit.

Und doch ist unumstritten, dass wir den Wertspeicher (bspw. Geld) brauchen. À la Kontenmodell aus Kapitel 12.

Meine Meinung: Nimm' Geld ernst. Schaue, dass du immer mehr zur Seite legst als du ausgibst. Nicht einfach? Dann lies' nochmals 12 von Anke durch. Konzentriere dich vollumfänglich auf das, was dich strahlen lässt. Unabhängig von der Höhe des Lohns. Schau' was passiert.

Hör hin. Dein Erfolg beginnt mit dem Zuhören – bei dir selbst zuhören.

Aktivität:

Erfolg von innen heraus entsteht, wenn wir auf unsere innere Stimme hören. Doch wann **gewinnen** wir diese Verbindung?

- Wenn wir Entscheidungen _____

- Wenn wir selbstbestimmt _____

- _____

- _____

- _____

Sonja – Jenseits von Geld

14 GEMEINWOHL UND RUHE

Meditation, Gemeinwohl und Nachhaltigkeit: Eine kraftvolle Verbindung.

Stimmen von guten Menschen. Sie alle tun etwas. Konzentriert. Liebevoll. Als Mehrwert für andere Menschen, aber auch für ihre eigene Umgebung. Was ist Gemeinwohl überhaupt? Und warum hilft mir das gemeinwohlorientierte Denken für mein Leben?

In einer Zeit, in der wirtschaftliches Wachstum und Erfolg in der Gesellschaft im Fokus stehen (OMR Report, 2021), rückt Gemeinwohl als gemeinschaftliches Ziel in den Mittelpunkt. Doch was hat das mit Meditation und Nachhaltigkeit zu tun? Viel mehr, als man auf den ersten Blick vermuten mag.

Gemeinwohl als Basis für Nachhaltigkeit

Gemeinwohl bedeutet, dass Handlungen und Entscheidungen neben individuellen auch die Bedürfnisse der Gemeinschaft und zukünftiger Generationen berücksichtigen. Nachhaltigkeit folgt diesem Prinzip: Ressourcen so zu nutzen, dass ökologische, soziale und ökonomische Balance gewahrt bleibt. Beides erfordert eine Haltung der Achtsamkeit – gegenüber anderen und der Umwelt.

Meditation (stille Einkehr in sich selbst) als Grundlage der Veränderung

Hier kommt die Meditation ins Spiel. Meditation ist ein Werkzeug zur Stressbewältigung, und ein Weg, um Bewusstsein

und innere Klarheit zu fördern. Wer regelmäßig meditiert, entwickelt ein tieferes Verständnis für die eigenen Werte, die Verbundenheit mit anderen und für die Natur. Unsere Erde. Dies stärkt die Fähigkeit, Entscheidungen im Einklang mit Natur und Gemeinwohl zu treffen und klarer zu denken. Dies bedeutet auch, realistische Ziele in Bezug auf Ressourcenschonung zu setzen und anderen Menschen zuzuhören, die vielleicht andersdenkend und fühlend sind.

Gemeinsam Denken, Fühlen und Handeln

Meditation schafft Raum für Reflexion: Welche Konsequenzen haben Handlungen? Wie können wir bewusster konsumieren, arbeiten und leben? Diese Fragen führen zu einer Haltung, die über den individuellen Nutzen hinausgeht. Das Wohl der Gemeinschaft wird Teil davon.

So entsteht ein Kreislauf: Gesunde und meditierende Menschen handeln viel eher bewusst – das Gemeinwohl wird von selbst unterstützt.

Nachhaltigkeit im Alltag

Ob durch achtsames Konsumieren, bewusste Entscheidungen oder das Fördern sozialer Gerechtigkeit, bspw. helfe ich viel eher ungefragt bei Kleinigkeiten, da ich diese überhaupt wahrnehme. Zum Beispiel biete ich einen Platz im Bus an, o. Ä. – wer sich mit Meditation und bewusster Bewegung verbindet, entdeckt neue Wege für ein gutes Leben. Meditation, Nachhaltigkeit und Gemeinwohl gehören zusammen. Sie sind eine Einladung, nicht nur für sich selbst, sondern auch für die Welt um uns herum bewusster und verantwortungsvoller zu handeln.

Aktivität:

Überlege dir 3 positive Aktionen für das Gemeinwohl zu planen in 3 Tagen. Dauer ca. 10 min.

Ablauf:

Notiere es dir jeden Tag, wenn es geklappt hat (z. B. jemandem ein Kompliment machen, eine kleine Hilfe im Alltag anbieten oder freundliche Gedanken teilen).

Erinnerst du dich an das Gefühl danach?

Beschreibe es:

_____

_____

Und nun:

Integriere 1x am Tag die _„Basis der Meditation"_ und 3x pro Woche (oder öfter) die _„gute Tat"_.

Man könnte hier den Meissner Effekt (Buckel, 2012, S. 185f) kurz erklären, das, was man auch auf den Zustand von Einheit übertragen kann. Ein Zustand des Yoga, eins mit sich, eins mit allem. Feindliche Aktionen können in einem solchen Bewusstsein nicht erwachsen.

Freundliche Tendenzen werden integriert, feindliche, schädliche an den Grenzen abgewehrt. Die Funktion eines geistigmentalen Immunsystems, welches sich sowohl bei einzelnen Menschen als auch bei Städten, Ländern stabilisieren lässt.

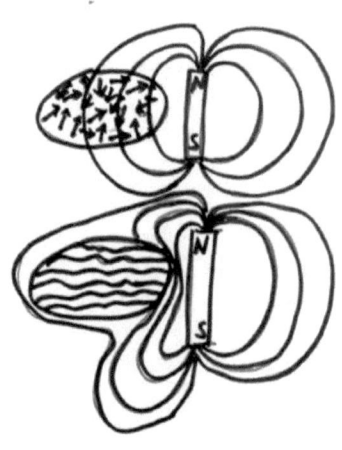

Abbildung 5: In Anlehnung an den Meissner Effekt

15 JUBILIEREN STATT ARBEITEN

Der Schlüssel zu einem erfüllten Leben?!

Arbeiten oder Leben?

Wie oft hörst du Sätze wie: *„Ich muss noch arbeiten!"* oder *„Nach der Arbeit kommt das Vergnügen"*? Viele Menschen sehen ihre Lebenszeit in Arbeit und Freizeit getrennt. Doch ist das im Einklang mit unserer Natur als *„Lebewesen"*, mit dem „Gemein*wohl*" und der „Work-*Life*-Balance"?

Seit meiner Jugend erschien es mir falsch, dass Menschen von 8 bis 17 Uhr einem Job nachgehen, der sie nicht erfüllt. Nur wenige folgen ihrer Berufung – der wahren Selbstbestimmung im Beruf und Leben. Aber ist unsere Lebenszeit nicht das Wertvollste?

Finde deinen eigenen Weg

Was ist dir wichtig?

In unserer begrenzten Lebenszeit sollten wir herausfinden, welche Bereiche uns erfüllen – Beruf, Partnerschaft, spirituelle Orientierung oder Ernährung. Die Frage lautet: Tust du schon, was dir wirklich guttut?

Viele halten an kollektiv eingespielten Mustern fest:

- „Arbeit ist nun mal kein Genuss."

- „Jemand muss es doch tun."

Doch nicht jeder blüht in denselben Aufgaben auf. Der Schlüssel liegt darin, herauszufinden, was dich glücklich macht. Und das fängt schon im Kindergarten und in der Schule an. Daher ein Aufruf an alle Eltern, beobachtet möglichst neutral eure Kinder. Vielleicht können wir mehr noch darauf achten: Welche Vorlieben hat mein Kind? Was macht ihm besondere Freude? Was interessiert es wirklich[17]?

Dieses ist wichtig zu fördern und zu stärken!

Wenn das alle Eltern umsetzen, werden wohl bald sogenannte Coachings im Erwachsenenleben überflüssig sein. 😊

Die Kraft der Stille

In einer hektischen Welt voller Termine vergessen wir oft, innezuhalten. Doch genau darin liegt die Antwort. Die bewusste Stille – sei es in der Natur, im Wald oder in den Bergen – hilft uns, unser Inneres kennenzulernen.

---

[17] Frage des Widersachers: Was passiert dann mit Arbeit und Aufgaben, welche erledigt werden, muss, aber keiner gerne tut?
Unsere Antwort: Wir denken auf einer völlig anderen Ebene. Die Essenz des Tuns, wenn ich Müll abhole oder etwas reinige – ich tue das Gute, das schönste Gemeinwohl überhaupt, es gibt keinen Schmutz, - dazu bin ich bei beiden Tätigkeiten in Bewegung usw.

Wir sprechen von der Wurzel von Mangel und Not. Denn: Ein letztlich korrupter Hedgefonds-Manager bietet keinerlei Mehrwert für Mensch und Umwelt. Eine Pflegerin, ein Müllmann, eine Reinigungsfachfrau, Mütter, Erzieher etc. jedoch schon.

Einsamkeit ist keine Schwäche, sondern eine Chance, Klarheit zu gewinnen:

- Welche Tätigkeiten erfüllen dich?

- Was macht dein Leben wertvoll?

Vom Arbeiten zum Jubilieren

Wenn du den Mut findest, deinem inneren Ruf zu folgen, wird Arbeit zu einem Lebenselixier. Du *„arbeitest"* nicht mehr im klassischen Sinne – du jubiliierst, während du lebst.

Energie und Freude ersetzen Müdigkeit und Frustration. Du lebst nicht mehr für das Wochenende oder die Rente, sondern jeden Tag – jetzt und hier.

Die Botschaft:

Dein Leben ist wertvoll – mach es zu deinem eigenen. Arbeite nicht für ein Wochenende, sondern für die Erfüllung, die in deinem täglichen Tun liegt. Das heißt du wirst automatisch auch produktiver. Und das ist ehrliche Muße.

Jetzt ist die Zeit, dein Potenzial zu entfalten und das Leben zu gestalten, dass du wirklich möchtest. Das Leben ist jetzt.

Ein kleiner Dialog zwischen den Autorinnen:

Sonja: Finde das so gut und richtig! Frage mich nur manchmal, bei den sog. „Knochenjobs" - können die Menschen wirklich jubilieren? Haben wir hier evtl. einen Rat?

Anke: Ja, Menschen in "harten" Jobs können auch jubilieren – es geht darum, tieferen Sinn ihrer Arbeit zu erkennen und den Wert zu schätzen, den sie leisten. Oft sichtbarer als im ideellen Bereich. Das „Tun zum Anfassen".

Sonja: Du meinst, auch in herausfordernden Jobs, die oft im Hintergrund oder unter schwierigen Bedingungen stattfinden, steckt ein tiefer Sinn.

Anke: Ja, noch viel mehr, noch greifbarer. Indem wir den Beitrag, den wir leisten – sei es in der Pflege, im Handwerk oder in anderen 'harten' Berufen – anerkennen, können wir Zufriedenheit und Stolz aus der Gewissheit schöpfen, dass wir mit unserer Arbeit einen wichtigen Teil zur Gesellschaft beitragen. Aber auch für uns selbst. Im Hier und Jetzt.

Sonja: Da denke ich wieder an meinen Opa.

Er hat sich in einer Mischung aus Schreinerei, Landwirtschaft – also wirklich körperlicher Arbeit – über die 40 / 50 Stunden pro Woche eingesetzt. Warum? Weil das „echte" ihm einen absoluten Mehrwert gab. Nicht nur für ihn, nein nachhaltig und für die ganze Familie. Ebenso die Oma. Kinder/Mutter/Tiere/Nähen – alles wichtige, aber sehr körperliche Tätigkeiten. Mit intrinsischer Anerkennung. Gerade in der damaligen Zeit?!

Anke: Dieser Ansatz betont die Bedeutung der Arbeit und die Zufriedenheit, die aus der Erkenntnis kommt, dass jede noch so schwierige Tätigkeit einen wertvollen Zweck erfüllt.

Tausche dich mit Gleichgesinnten aus!
Achte auf 100 % auf das, was dir guttut, wer dir guttut!

Es gibt nicht Jubilieren „nur" als Schauspielerin. „Nur" im Büro. Oder „nur" im Handwerk. Sondern überall, wir haben die Wahl.

Entscheide mutig und sortiere aus!

Nutze jeden Tag und jubilieren wir gemeinsam! Arbeiten war gestern!

Suche dir 3 Dinge im Alltag, die du spontan umsetzen kannst, um in die Richtung *„Ich jubiliere!"* Zu wirken:
(Wichtig: Lass deine Gedanken frei, sei wild, ungestüm und ganz zwanglos!)

16 NICHTS KAUFEN – MEHR HABEN

Wir sind verbunden mit dem Sein.

Wir sind.

Besitzen und Haben sind relativ.

Sie kommen.

Sie gehen.

In der heutigen Zeit buhlt alles um unsere Aufmerksamkeit.

Viele Dinge zu besitzen bedeutet: Wir müssen die Aufmerksamkeit mit all diesen Dingen teilen.

Sonjas Weisheit - einfach genial!
„Alles, was wir anhäufen, benötigt entweder Aufmerksamkeit (oder es verstaubt in der Ecke) Ich selber weiß wovon ich rede, bin ich mit zwei kleinen Kindern direkt im Prozess."

Im Umkehrschluss: Weniger zu kaufen und bewusster zu leben, fördert nicht nur die Nachhaltigkeit, sondern auch das persönliche Wohlbefinden. Indem wir uns auf das Wesentliche konzentrieren, reduzieren wir unnötigen Konsum und schaffen Raum für echte Werte wie Gemeinschaft, Umweltbewusstsein und innere Zufriedenheit.

Ein gemeinwohlorientierter Lebensstil stärkt nebenbei das Gefühl, Teil einer größeren Sache zu sein, indem wir Ressourcen

schonen, lokale Unternehmen unterstützen und soziale Gerechtigkeit fördern. Gleichzeitig ermöglicht diese Haltung, persönliche Erfolge und Ziele bewusster wahrzunehmen und zu feiern, da wir uns weniger von äußeren Statussymbolen und mehr von inneren Werten leiten lassen. Weniger besitzen, bewusster handeln und Dankbarkeit praktizieren bringt Zufriedenheit und verbindet uns mit dem, was wirklich zählt.

Aus unserer Sicht beschreibt auch Yoga eine Art Werkzeug, um Gedanken zu besänftigen. Im Rahmen dieses Werkzeugs gibt es so viel mehr als Asanas, d. h. Bewegungsmuster. Es beschreibt die Verbindung des Menschen mit der Welt.

Stell dir doch mal das *„Haben"* eher vor, wie eine kleine weiße Wolke, die einfach vorbeizieht.

So ändern wir unseren Konsum: Hier eine Übung für mehr bewusstes Agieren.

Aktivität:

- **Woche 1**: Probiere nichts zu kaufen, das nicht wirklich dringend ist. (Dazu zählt: Kleidung, Onlineshopping, Essen gehen, Beauty Artikel, Impulskäufe, reduzierte Ware, Deko – also alles, was warten kann.)

- **Woche 2:** Finanzielle Bildung hilft dabei, sinnvoller und gemeinwohlorientierter zu konsumieren und zu *„haben"*. Probiere nun: Nur 1 Video und nur 20 Minuten Internet / Tag (außer im Job natürlich), weiterhin eher das Nötigste konsumieren, lies dir die Regeln des IKIGAI (2018, Mogi) und nochmals die Unterlagen von Anke zum Thema *„6 Konten"* in Ruhe durch.

- **Woche 3:** Ziehe Bilanz und führe auch künftig das ruhige und bewusste Kaufen oder Teilen ein. Melde dich gerne bei uns, für Fragen und Anregungen.

Du wirst feststellen, dass sich auf einmal ungekannte Tore öffnen. Es wird Dinge geben, die dich offline interessieren. Du wirst mehr im wirklichen Austausch mit Menschen sein.

Vielleicht fängst du an frische Kräuter zu ziehen.

Vielleicht stellst du fest, dass am Abend Tagebuchschreiben oder Patiencen Legen[18] eine friedvollere Beschäftigung ist als Net ... oder ama ... prim ... wir lassen das lieber. Denn auch das dar sein. Verbote helfen bekanntlich weniger als reine Freude an den echten Erlebnissen im Leben.

Vielleicht drehst du noch eine Abendrunde unter dem Sternenhimmel und erkundest die Nachbarschaft.

.....

---

[18] Ein Kartenspiel, das witzigerweise auch „*Geduld*" bedeutet. Hier als Beispiel für gemütlich Spiele mit Freunden, oder auch alleine.

17 ZWISCHENMENSCHLICH RUHIG

Einleitung

Manchmal können zwischenmenschliche Konflikte auf den ersten Blick sehr intensiv und herausfordernd wirken. Besonders im schulischen Kontext, wo Lehrende und Lernende täglich miteinander in Kontakt treten, können Spannungen entstehen. Doch was passiert, wenn wir in solchen Momenten innerlich ruhig bleiben und unsere Emotionen nicht sofort nach außen tragen? Ein Beispiel aus dem Schulalltag zeigt, wie eine stille Kommunikation – ohne viele Worte – zu einer tiefen Verbindung und langfristigem Respekt führen kann.

Das Szenario: Ein Moment der Stille

Eine Lehrerin erzählt von einem Vorfall mit einem ihrer Schüler. Der Junge hatte sie während des Unterrichts mit dem Wort *„Arschloch"* beleidigt, das Klassenzimmer verlassen und die Tür wütend zugeschlagen. Die Lehrerin blieb zunächst ruhig, saß einfach da und ließ die Situation auf sich wirken, ohne sofort zu reagieren. Sie fühlte keine Wut, sondern blieb in ihrer inneren Ruhe. Der Junge kam nach dem Unterricht zu ihr zurück, weinend, und entschuldigte sich aufrichtig. Dies tat er aus eigenem Antrieb, ohne dass sie etwas gesagt hatte.

Der stille Dialog

Dieser Vorfall mag wie eine alltägliche Auseinandersetzung erscheinen, doch er zeigt eine besondere Art der Kommunikation: Die stille, meditative Kommunikation. Es ging nicht darum, dem anderen zu sagen, was er falsch gemacht hatte, sondern vielmehr darum, ihm Raum zu geben und mit innerer

Gelassenheit zu reagieren. Die Lehrerin zeigte keine äußere Reaktion auf die Beleidigung, sondern ließ den Jungen seine eigenen Gefühle erkennen und seine Entschuldigung freiwillig anbieten. Die emotionale Ruhe, die sie ausstrahlte, ermöglichte dem Schüler, sich selbst zu reflektieren und mit Empathie auf die Situation zu reagieren.

Das Ergebnis: Gegenseitiger Respekt

Nach dieser Begegnung war der Junge, der zu Beginn des Vorfalls voller Wut und Frustration war, tief bewegt und entschuldigte sich auf eine sehr ehrliche Weise. Beide, der Junge und die Lehrerin, hatten Tränen in den Augen, als sie sich gegenseitig verziehen und den respektvollen Umgang miteinander wiederherstellten. In diesem Moment wurde eine tiefere Verbindung zwischen den beiden geschaffen. Jahre später berichtete die Lehrerin, dass der Junge nun ein sehr respektvoller Mensch geworden sei, der immer freundlich grüßte und sie mit einem Lächeln begrüße.

Was war hier passiert?

In diesem Szenario ging es nicht nur um Worte, sondern um die Bedeutung von Ruhe, Empathie und emotionaler Intelligenz. Der meditative Umgang mit der Situation führte zu einem Ergebnis, das weit über eine einfache Entschuldigung hinausging. Beide hatten auf stille Weise kommuniziert, ohne dass viele Worte nötig waren. Diese Form der Kommunikation basiert auf dem Vertrauen in sich selbst und die Fähigkeit, den anderen nicht zu verurteilen, sondern ihm Raum zu geben.

Übung 1: Die Kunst der Stille in Konflikten

Nimm dir eine Situation aus deinem eigenen Leben vor, in der du dich emotional herausgefordert fühlst. Anstatt sofort zu reagieren, versuche, für einen Moment innezuhalten und dich auf deinen Atem zu konzentrieren. Spüre deine Gefühle, ohne sie sofort zu äußern.

Wie verändert sich deine Wahrnehmung der Situation? Was passiert, wenn du dem anderen Raum gibst, ohne sofort zu urteilen oder zu sprechen?

Übung 2: Empathie entwickeln

Stelle dir vor, du befindest dich in der Lage des anderen. Versuche, seine Perspektive und Gefühle nachzuvollziehen, auch wenn du mit seinem Verhalten nicht einverstanden bist. Wie würdest du dich in seiner Situation fühlen? Welche Bedürfnisse könnten hinter seinem Verhalten stecken? Diese Übung hilft, Empathie zu entwickeln und die Kommunikation auf einer tieferen Ebene zu fördern.

Tipps für die Kommunikation in Konfliktsituationen

- **Ruhe bewahren:** In herausfordernden Momenten ist es wichtig, sich nicht von Emotionen leiten zu lassen. Atme tief durch und nimm dir einen Moment, um zu reflektieren, bevor du reagierst.
- **Empathie zeigen:** Versuche, die Perspektive des anderen zu verstehen, auch wenn du dich verletzt fühlst. Empathie kann helfen, Missverständnisse zu vermeiden und den Dialog zu öffnen.
- **Worte sind nicht immer notwendig:** Manchmal kann ein Blick, ein Nicken oder eine Geste mehr sagen als tausend Worte. Achte auf die nonverbale Kommunikation, die oft viel kraftvoller ist als gesprochene Worte.
- **Verzeihen:** Vergebung ist ein wichtiger Bestandteil jeder Beziehung. Sie ermöglicht es dir, loszulassen und in Frieden mit der Situation zu kommen.

Fazit

Das beschriebene Szenario zeigt, wie viel Kraft in der ruhigen, empathischen Kommunikation steckt. In Konfliktsituationen sind Worte nicht immer der Schlüssel zum Erfolg. Manchmal ist es die stille, respektvolle Haltung, die zu einer tieferen Verbindung und langfristigem Verständnis führt. Wenn wir uns die Zeit nehmen, innezuhalten, die Perspektive des anderen zu verstehen und die Kommunikation auf einer emotionalen Ebene zu führen, können wir Konflikte auf eine heilsame Weise lösen.

18 WIR UND DER STRESS

Stress lauert scheinbar überall. Deswegen gibt es Resilienz – Coping gegen Stress. Oder: Widerstandskraft und ein gesunder, natürlicher Umgang mit Stress. Aber was soll das?

Resilienz – in aller Munde und fast ein Modewort und doch ist sie wichtig. Wir haben nun Grundlagen aus der Meditation, Sprache, Aufmerksamkeit, Glück, Zufriedenheit und sogar auch das Loslassen besprochen. Wir alle wissen, dass das Blut manchmal kocht.

Dass Emotionen, Herausforderungen und Schicksalsschläge Teile des Lebens sind. Hier kann ein mentales Stärke-Fundament helfen, damit wir nicht ganz vom Kurs abkommen, weitermachen und unseren Sinn des Lebens weiterhin sehen. So heftig die Situation auch sein kann. In einer Situation, in der wir fast ohnmächtig sind und quasi handlungsunfähig, lässt sie einen Raum der Leere entstehen. Und gerade aus dieser Leere erwächst das Neue, eine neue Chance. Die Sonne geht auf am Horizont. Ein Fenster zur Unendlichkeit, zur Verbundenheit mit allem öffnet sich. Ein sanftes Gefühl von der Gewissheit, dass nichts im Universum verloren geht, sich stetig wandelt, beschleicht einen. Lesetipp: Faust, Goethe[19]

Eine etwas andere Trainingsstunde

Es sollte eine normale Yogastunde werden, der letzte Termin des Jahres 2024 in unserem Bewegungszentrum. Ich hatte mich gefreut und extra am Abend zuvor alle Teilnehmerinnen gefragt, ob sie Zeit hätten – sie hatten zugesagt.

---

[19]

Dann kam die Nacht, in der ich kaum ein Auge zubekam.

Am Morgen fiel auch noch mein Mann für meinen zweijährigen Sohn aus. **Mein erster Gedanke: Das schaffe ich!** Ich nehme ihn einfach mit.

Die Stunde begann, doch schon nach Minuten fing mein Sohn an zu weinen – laut. Also unterrichtete ich weiter, auf dem Arm war mein Kleiner zufrieden. Nach etwa 30 Minuten, als es gerade ruhiger wurde, passierte es: Er erbrach sich auf meine Yogamatte.

Für einen Moment wollte ich abbrechen. Ich war erschöpft. Ich beruhigte meinen Sohn, reinigte die Matte und atmete tief durch. Eine Frau aus dem Bewegungszentrum bot plötzlich an, die Stunde zu übernehmen. Etwas unsicher übergab ich an sie. Nach der Stunde fühlte ich mich müde, aber auch stolz. Die Teilnehmerinnen begegneten mir mit Verständnis und An- teilnahme, und meinem Sohn ging es direkt besser.

Dieser Tag lehrte mich: Es geht nicht um Perfektion, son- dern darum, mutig weiterzumachen – selbst, wenn alles schiefzulaufen scheint.

Zurück auf die Erde - die Wissenschaft!

Das Leben läuft selten perfekt. So verrückt wie die obige Ge- schichte muss es auch nicht sein, aber eben. Ein paar Grund- lagen:

Die WHO beschreibt Gesundheit als einen Zustand vollständi- gen körperlichen, geistigen und sozialen Wohlbefindens. Also ein Mehr als nur die Abwesenheit von Krankheit.

Risikofaktoren für Gesundheit und Wohlbefinden sind vielfältig und beeinflussen die Wahrscheinlichkeit von Erkrankungen. Sie lassen sich in fünf Kategorien einteilen:

1. Verhaltensbezogen: Faktoren, die durch das persönliche Verhalten beeinflusst werden, z. B. Tabakkonsum, ungesunde Ernährung, Bewegungsmangel o. A.

2. Physiologisch: Körperliche Faktoren bspw. Bluthochdruck, hoher Blutzuckerspiegel.

3. Statistisch: Demografische Merkmale wie Alter, Geschlecht oder Soziales.

4. Umgebungsbedingt: Verschmutzung, Arbeitsrisiken und Zugang zu sauberem Wasser.

5. Genetisch: Erbliche Faktoren, die Erkrankungen erst begünstigen können.

Krankenkassen definieren Präventionen hier nach vier Handlungsfeldern – Bewegung, Ernährung, Stressmanagement und Suchtmittelkonsum – mit spezifischen Präventionsprinzipien zur Gesundheitsförderung. Hierunter fällt auch Resilienz bei Stresssituationen, die aus allen 4 Handlungsfeldern folgen können.

Eine kurze Darstellung zum Stress:

Sonja – Wir und der Stress

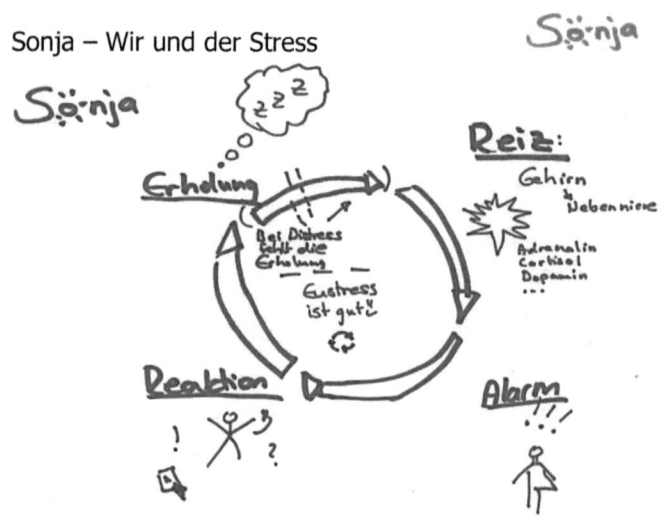

Abbildung 6: Eigene Zeichnung (Anlehnung an 7mind, 2025)

1. Eustress als Trainingsfeld für Resilienz

Eustress-Situationen, wie das Vorbereiten auf ein wichtiges Projekt oder eine sportliche Herausforderung, fördern Resilienz. Du trainierst dabei, wie du Stress produktiv nutzt, deine Grenzen erkennst und darauf aufbauend deine Fähigkeiten weiterentwickelst.

2. Resilienz schützt vor Distress

Resilienz hilft, negativen Stress (Distress) abzufedern. Sie stärkt deine Fähigkeit, gelassen zu bleiben, wenn mehrere stressige Situationen aufeinander folgen, und erleichtert es, in belastenden Momenten einen klaren Kopf zu bewahren.

3. Achtsamkeit als Bindeglied

Achtsamkeit verbindet Resilienz mit dem Umgang mit Stress. Wenn du lernst, Stressoren bewusst wahrzunehmen und zu bewerten, kannst du gezielt entscheiden, ob du sie als Eustress annehmen oder Distress abbauen willst.

4. Resilienz durch aktives Stressmanagement stärken

Indem du Strategien wie Pausen, Bewegung oder Entspannung bewusst einsetzt, baust du Resilienz auf. Gleichzeitig schützt du dich vor den schädlichen Auswirkungen von Dauerstress.

5. Stress als Entwicklungschance sehen

Resilienz ermöglicht dir, Stress als Chance für persönliches Wachstum zu begreifen. Durch reflektiertes Handeln in stressigen Situationen lernst du, besser mit zukünftigen Belastungen umzugehen, und stärkst so deine Widerstandskraft weiter.

Da dieses Thema einen eigenen Kurs füllen kann (Siehe Unterlagen der ASGE, auf Anfrage erhältlich), haben wir uns für 200 % Leben einige Fragen herausgenommen und einen Fragebogen, um hier grob abzuschätzen, was Resilienz eigentlich bedeutet und ein Gefühl für mögliche nächste Schritte zu bekommen.

Aktivität:

Meine Pläne verfolge ich	1	2	3	4	5	6	7
Ich schaffe alles irgendwie	1	2	3	4	5	6	7
Mein Gleichgewicht ist mir wichtig	1	2	3	4	5	6	7
Ich finde mich prima, so wie ich bin	1	2	3	4	5	6	7
Vieles auf einmal tun ist leicht	1	2	3	4	5	6	7
Ich weiß, was ich will	1	2	3	4	5	6	7
Die Dinge lasse ich auf mich zukommen	1	2	3	4	5	6	7
Ich interessiere mich langfristig für etwas	1	2	3	4	5	6	7
Ich kann Perspektiven einnehmen	1	2	3	4	5	6	7
Ich kann mich überwinden, Dinge zu tun, die mir nicht gefallen	1	2	3	4	5	6	7
Aus schwierigen Situationen finde ich gewöhnlich einen Weg heraus	1	2	3	4	5	6	7
Nicht jeder muss mich mögen	1	2	3	4	5	6	7
Für mein Tun habe ich Energie genug	1	2	3	4	5	6	7

Wo befindest du dich 1-7? Lies' in Ruhe alle Fragen und kreise von 1 bis 7 deine Selbsteinschätzung an (Spiel). Du kannst dies auch mit einem Partner und einer Selbst- und Fremdeinschätzung tun. Kumuliere deine Punkte ganz am Schluss.

Die grobe Einschätzung lautet dann:

- 13 – 66 niedrige Resilienz

- 67 – 72 moderate Resilienz

- 73 – 91 hohe Resilienz

Welche Punkte sind bei dir *„sehr resilient"*, welche nicht? Wo kannst du direkt Hilfe anfordern, oder dein Selbstbild vielleicht mit Meditation in Angriff nehmen? Welche bisherigen Themen könnten auch hier hilfreich sein. Natürlich ist dies sehr oberflächlich zu sehen. Dennoch, eine Orientierung für dich.

Hier schließt sich der Kreis. Hilfreich sind sicher – das Ergebnis oben und auf zur Selbstreflektion! Aber auch: Entspannung durch Yoga, Meditation oder autogenes Training, nahrhaftes und ausgewogenes Essen. Freundschaften, Familie und Freizeitbeschäftigung pflegen und genügend Schlaf.

Aktivität:

Zeichne, wenn du möchtest, in einen Graphen – was sind auf das vergangene Jahr gesehen, deine Höhen, Tiefen und deine Lernhochs ... als Inspiration kannst du die Grafik hier verwenden ... Überschätze nicht, was an einem Tag passiert. Doch schätze, welche Fortschritte in einem Jahr geschehen. Zeichne es für dich, à la Abbildung 8.

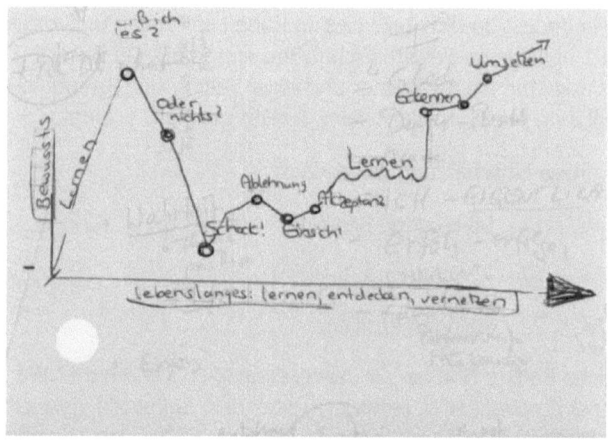

Abbildung 8: Kompetenzentwicklung - meine Wahrnehmung.

19 DIE MEDI-TIERE!

Schafe sind so lieb – Ein Moment der Achtsamkeit in der Natur

Neulich auf einer Autofahrt erlebte ich einen besonderen Moment. Plötzlich kam der Verkehr auf der Bundesstraße zum Stillstand. Ich blickte mich um und konnte keinen offensichtlichen Grund für das Stopp-Geschehen erkennen, bis ich nach links schaute – und dort war es: Eine Herde Schafe, die sich in aller Seelenruhe vom Hang herunterbewegte, um die Straße zu überqueren[20].

Ich stieg sofort aus dem Auto, um den Moment aus der Nähe zu erleben. Die Schafe bewegten sich dicht an dicht und ich konnte die weichen, kuscheligen Rücken sehen, die sich über die Straße zogen. Es war einfach nur wunderschön – pure Natur, Leben, und Frieden. Für mich war es ein zauberhafter Moment der Freude.

Etwas anderes stimmte mich jedoch nachdenklich: Kein anderer Autofahrer stieg aus, niemand drehte sich um, sah wie ich nach den Schafen ... ausnahmslos saßen die anderen still in ihren Autos, genervt und abgestumpft von der Verzögerung. Ich war die Einzige, die diesen Moment als etwas Besonderes empfand. Und es brachte mich zu einer Frage: Warum nehmen so viele von uns die Schönheit um uns herum, nicht wahr? Warum sind wir so in unseren Gedanken und Abläufen gefangen? Während das echte LEBEN unbeachtet vorbeizieht? Schätze, Diamanten ungesehen ... von vielen.

---

[20] Meditation: https://www.youtube.com/watch?v=NLCK7cGkQb8

Sei kein Hamster im Rad

Ich habe mich immer gefragt, warum Hamster scheinbar nie genug vom Laufen im Hamsterrad bekommen. Lieben sie es wirklich? Was, wenn wir diese Idee auch auf den Alltag der Menschen übertragen? Zu oft scheint es, als seien viele von uns in einem ständigen „*Lauf-Modus*". Auf Plattformen wie Linkedin liest man täglich von Zielen wie: Mehr Umsatz, mehr Kunden, mehr Erfolg... Immer mehr, mehr, mehr ...

Aber ist das wirklich das, was wir brauchen? Muss es immer nur nach oben gehen, immer weiterwachsen? In der Natur sehe ich kein Lebewesen, kein Ding, das ohne Ende wächst oder rennt.

Kleine Denkanstöße:

• Wenn wir ständig rennen, können wir die leise innere Stimme nicht hören, die uns ruft.

• Wir sind so sehr damit beschäftigt, das nächste Ziel zu erreichen, dass wir das Hier und Jetzt oft übersehen.

Übung für heute:

Nimm dir einen Moment Zeit, in dem du einfach stillsitzt. Schließe für eine kurze Zeit die Augen und lausche deinem Atem. Fühlst du, wie du zur Ruhe kommst? Wie sich die Gedanken beruhigen? Versuche in diesem Moment der Stille, dich zu verbinden und die inneren Stimmen der Ruhe zu hören.

Kleine SOS-Geschichte: Die Biene auf dem Fenstersims

Neulich hatte ich eine kleine „*Notfall*"-Begegnung mit einer Biene, die ich für eine Spinne gehalten hatte. Anmerkung: Ich habe Angst vor Spinnen. Und ja, bisher hat sich das nicht verbessert, obwohl ich schon so lange meditiere. Mit manchen Dinge lebt man halt.) Nach dem Schreck stellte sich heraus, dass es eine müde Biene war, die ein wenig Hilfe brauchte. Ich stellte ihr etwas Honig hin, und sie stürzte sich darauf. Es war faszinierend zu sehen, wie sie sich stärkte und schließlich durch das offene Fenster davonging.

Der faszinierende Teil?

Am nächsten Tag flog genau diese Biene wieder ins Haus, drehte eine Runde und flog zurück nach draußen. Ich wusste sofort, dass es „*meine*" Biene war – die, die ich gestern gerettet hatte. Es war eine kleine, aber bedeutungsvolle Verbindung zwischen uns beiden.

Lektion:

Manchmal sind es die kleinsten Momente, die uns daran erinnern, wie wichtig es ist, im Hier und Jetzt zu leben. Selbst in einem Moment, der eigentlich unbedeutend erscheint, können wir tiefere Verbindungen und Erfahrungen finden.

Fazit:

In der Hektik des Alltags vergessen wir oft, innezuhalten und das zu schätzen, was uns umgibt. Meditation und Achtsamkeit helfen uns, die Welt, um uns klarer zu sehen und die stillen Momente zu erleben. Genauso wie die Schafe auf der Straße oder die Biene, die uns erinnert, wie schön es ist zu genießen und einfach zu leben.

Reflexion:

Wann hast du das letzte Mal innegehalten, die Stille genossen und die kleinen Dinge in deinem Alltag geschätzt? Vielleicht ist heute der perfekte Moment dafür.

20 NATUR

Eine Frühmorgendliche Radtour: Der Weg zu innerer Ruhe und Klarheit 🚲 🛶

Manchmal genügt eine kleine Radtour am frühen Morgen, um die ganze Welt anders zu sehen – oder vielmehr sich selbst anders zu erleben. An diesem Morgen wollte ich eine vertraute Strecke fahren, die mich direkt zum Wasser führt. Ich hatte vor, mit den Füßen im Fluss zu plantschen, Seele und Geist baumeln zu lassen die frische Luft zu genießen, bevor mein Tagewerk mich an den Bildschirm holt.

Doch dann kam alles anders als geplant. Etwa 50 Meter vor dem Beginn des Baches, an dem ich gerne angehalten wäre, blockierten große Äste den Weg. Eine Baumaschine stand da, der Weg war durch Baumaßnahmen unpassierbar. Ein netter Mann mit Schutzkopfhörern war damit beschäftigt, die Äste zu zerkleinern und sie in einen Schredder zu werfen.

Als er mich bemerkte, nahm er freundlich den Gehörschutz ab und erklärte mir, dass ich dort leider nicht durchkäme. Doch er war so nett und zeigte mir eine alternative Strecke. Ich nahm sie sofort – doch leider führte sie mich direkt in eine Sackgasse. Fehlinformation.

Wieder traf ich den Mann, dem es offensichtlich leidtat, dass ich nicht weiterkam. Er zeigte sich sehr bemüht, mir zu helfen und wollte sogar seine Kollegen um Hilfe bitten, um mir den Zugang zu ermöglichen.

Ich war gerührt von seiner aufrichtigen und herzlichen Art. Ich bat ihn jedoch, seine Kollegen nicht zu stören, und sagte ihm, dass ich schon einen Weg finden würde.

Er bedankte sich und wünschte mir noch einen schönen Tag. Diese kleine Begegnung war ein wunderschönes Beispiel dafür, wie ein respektvoller und menschlicher Umgang miteinander aussieht. So oft sind wir vom Alltag gestresst, aber es sind solche Begegnungen, in denen wir uns wirklich mit uns selbst und der Welt verbinden können.

Die Lehre dieser Begegnung:

Die Begegnung erinnerte mich an die kleinen, aber bedeutsamen Momente, die wir oft im Trubel des Alltags übersehen. Manchmal ist es die Ruhe und das Verständnis eines anderen Menschen, die uns wieder ins Gleichgewicht bringen. Vielleicht lässt sich auch eine Meditation hier anknüpfen. Denn wie bei der Radtour, geht es auch in der Meditation darum, den äußeren Druck zu überwinden, den Weg zu finden, der uns wirklich entspricht – und uns dann in der Stille wiederzufinden.

Meditationstipp:

Die Begegnung mit dem Mann kann uns an eine wichtige Lektion erinnern: Mit Geduld und Aufmerksamkeit können wir auch inmitten von Herausforderungen innere Ruhe finden. Nimm dir täglich ein paar Minuten, um in Stille zu sein, und versuche, dich von den äußeren Erwartungen und dem Druck des Alltags zu lösen. Lass dich nicht von Fehlinformationen oder unvorhergesehenen Hindernissen entmutigen – geh einfach einen anderen Weg und vertraue darauf, dass du immer einen Zugang zur Quelle in dir hast.

Natur pur.

Rückzug vom Druck des Alltags gefällig?

Nimm dir zwischendurch ein paar Minuten Auszeit. Zeit ganz für dich. Deine Natur ist es, jederzeit Zugang zu der unendlichen Quelle in dir zu haben. Dort ist alles in Samenform vorhanden:

- Kreativität
- Fülle
- Lebensförderliches
- Freude
- Energie

Tägliche Übung:

Verbringe täglich ein paar Minuten in Stille, in denen du bewusst von der Hektik des Alltags abschaltest. Setze dich an einen ruhigen Ort, atme tief ein und aus, und lasse deine Gedanken vorüberziehen. Du wirst erstaunt sein, wie viel Kraft und Klarheit dir dieser Moment der Stille geben kann.

Fazit: Achtsamkeit im Alltag finden

Ob auf einer Radtour, bei der Begegnung mit anderen oder in Momenten der Stille – die wahre Quelle der Zufriedenheit liegt in uns. Es sind oft die kleinen, unscheinbaren Momente, die uns zu einer tieferen Verbindung mit uns selbst führen können. Gönn dir diese Momente der Stille und der Achtsamkeit, um neue Kraft zu schöpfen und deinem inneren Frieden näherzukommen.

Geheimtipp: Bewahre dieses Gefühl, diese Momente in einem Ort deines Herzens verschlossen für dich auf. Ein geheimer Schatz in deinem Inneren - ganz für dich allein. Und jederzeit abrufbar. Es ist unnötig das zu teilen. Du wirst feststellen, dieser Schatz wächst in Stille an deinem geheimen Ort. Die Freude und Freundlichkeit, die sich damit in dir integriert, deine Mitmenschen werden es ganz natürlich spüren. Es braucht kein Aussprechen oder keine Erklärung.

Zitat:

"Wo man am meisten fühlt, weiß man am wenigsten zu sagen." Annette von Droste-Hülshoff, eigentlich Anna Elisabeth Freiin von Droste zu Hülshoff, deutsche Dichterin (1797 -B 1848)

Notiere hier deine Empfindungen, dichte ein wenig:

Natur pur.

21 VIEL LÄRM UM NICHTS

Meetings optimieren: Ruhe statt Lärm

Meetings können eine wahre Herausforderung sein. Sie kosten nicht nur Zeit, sondern Energie und Nerven. Viel wird geredet, aber oft führt das Ganze zu wenig – oder noch schlimmer: zu nichts.

Am Ende klares können verlassen wir das Meeting erschöpft, ohne ein Ergebnis. Doch warum ist das so? Und wie wir diesen Prozess verbessern?

Ziel eines Meetings: Lösungen und Ergebnisse

Das eigentliche Ziel eines Meetings ist es, Lösungen zu finden oder neue Ideen zu entwickeln. Doch oft geht es nicht um die Lösung selbst, sondern um den Prozess, der alles andere als zielführend ist. Hier kommt ein innovativer Ansatz ins Spiel: **Weniger ist mehr – vor allem, wenn wir uns bewusst von der Hektik des Alltags distanzieren.**

Meeten nach Art der Steinkreise: Ruhe als Schlüssel

Stell dir vor, du würdest ein Meeting im Stil eines Steinkreises abhalten. Klingt komisch? Lass uns diesen Gedanken weiterverfolgen. Ein Steinkreis symbolisiert Ruhe, Einheit und Gleichgewicht. Wenn du diese Prinzipien in dein Meeting einbringst, kannst du den Ablauf deutlich verbessern.

Hier ist, wie es funktioniert:

1. Setzt euch im Kreis:

Der Kreis ist ein Symbol der Einheit. Alle sind auf Augenhöhe. Jeder kann jeden ansehen und wahrnehmen. Für die Mutigen unter euch: Setzt euch ruhig auf den Boden – das stärkt das Gefühl der Verbundenheit.

2. Schließt die Augen und lasst Stille einziehen:

Beginnt das Meeting nicht sofort mit Diskussionen, sondern mit einer kurzen Stille. Schließt für ein paar Minuten die Augen und gebt euch ganz der Ruhe hin. Ihr könnt einen angenehmen Gong als Signal verwenden, um die Zeit zu begrenzen (z. B. 2–5 Minuten).

3. Dehnt euch und öffnet die Augen langsam:

Nach der Stille öffnet langsam die Augen, dehnt euch, und atmet tief ein. Spürt, wie die Ruhe sich in euch ausbreitet. Erst jetzt beginnt das Meeting.

Was anfangs vielleicht komisch klingt, ist einfach Gewohnheitssache. Und es bringt regelmäßig Ruhe in die Sitzung.

Warum funktioniert dieser Ansatz?

Der Kreis hat viele Vorteile:

• **Gegenseitige Wahrnehmung:** Jede Teilnehmerin und jeder Teilnehmer werden gleichwertig wahrgenommen. Es gibt keine Hierarchie, jeder ist in seiner Meinung und Perspektive gleich wichtig.

• **Symbol für Einheit:** Der Kreis steht für Zusammenhalt und Harmonie. Diese Symbolik sorgt dafür, dass das Team als ein zusammengehöriges Ganzes agiert.

● **Förderung von Achtsamkeit:** Die Stille zu Beginn des Meetings hilft, den Kopf freizubekommen und die Gedanken zu ordnen. Sie schafft eine ruhige und klare Atmosphäre, die für produktive Gespräche notwendig ist.

Die Kraft der Harmonie im Team

Disharmonie innerhalb eines Teams kann „*tödlich*" sein. Zumindest für die Lösung. Sie raubt Energie und Motivation, die für produktive Arbeit benötigt werden. In einem Team, das sich als Gefährten versteht, entstehen hingegen kreative und effektive Lösungen. Zahlreiche Studien belegen, dass Teams, die sich gut verstehen und miteinander arbeiten, erfolgreicher und zufriedener sind.

Übung für das Team:

Vor jedem Meeting könnt ihr eine kurze Übung durchführen, um die Stimmung zu entspannen und eine klare Atmosphäre zu schaffen:

● **Mini-Meditation**: Alle Mitglieder schließen für 2–3 Minuten die Augen und atmen tief ein und aus. Dabei lasst ihr bewusst alle Gedanken und Anspannungen los. Diese kleine Auszeit bringt nicht nur Ruhe, sondern auch Klarheit und Energie.

Jetzt: Die Mini-Übung für dein Team:

1. Vorbereitung:

Informiere das Team im Voraus über die Mini-Meditation, damit sich alle darauf einlassen können. Es muss keine lange Sitzung sein – 2–5 Minuten reichen vollkommen.

2. Durchführung:

Stellt einen Wecker oder Gong, der nach ein paar Minuten das Ende der Übung signalisiert. Während dieser Zeit atmet bewusst und ruhig. Es geht nicht darum, *„etwas zu erreichen"*, sondern darum, präsent zu sein - den Moment zu genießen.

3. Nach der Übung:

Öffnet die Augen langsam, dehnt euch, und startet dann das Meeting. Ihr werdet feststellen, wie viel klarer und fokussierter die Gespräche sind.

Fazit: Weniger ist mehr

Meetings müssen nicht immer lang und anstrengend sein. Manchmal kann eine kurze Zeit der Stille und Achtsamkeit vor dem Gespräch den Unterschied machen. Wenn du den Prozess der Kommunikation in deinem Team harmonischer und klarer gestalten möchtest, probiere es aus – und nimm dir die Zeit, wirklich präsent zu sein.

Du wirst feststellen, dass mit dieser kleinen Änderung die Effizienz und das Engagement in deinen Meetings enorm steigt. Probiere es aus und starte dein nächstes Meeting mit einer kurzen, aber kraftvollen Auszeit.

22 ZEITSPAREN! EINE LÜGE

Gutes geht nicht nebenher. Diesen Satz muss ich mir (Autorin, Sonja) selbst immer wieder sagen. Denn in meinem Alltag mit zwei Kleinkindern und einer Flut an Information, Selbstständigkeit, Ehrenamt, Familienzeiten und Haushalt – ja, da liegt Mehrfachfokus, oder so schön gesagt „*Multi-Tasking*" nahe, nicht?

Meine Wahrheit: Gute Dinge gehen nicht nebenbei – siehe mein Beispiel aus dem Resilienz-Kapitel.

Konzentration.

Muße.

Liebe.

Ein Baby zu entwickeln braucht 10 Monate.

Heilige Schriften wurden über 1000e von Jahren geschrieben.

Wichtige Dinge haben einen echten intrinsischen Wert.

Einen natürlichen Wert.

Sie brauchen Zeit und Liebe.

Kein Geld. Sondern echte Zuwendung.

Ein eigenes Licht. Daher entsteht „*Eigen-tlicht*".

Was ist Zeit überhaupt?

3 Gründe es zu TUN

Wir verkaufen Zeit gegen Geld. *„Zeit ist Geld"* – wir kaufen sogar teure Uhren als Symbol für Zeit – mit Geld. Aber dann gibt es da noch Kulturen, die kennen den Begriff von *„Zeit"* einfach gar nicht. Nicht in diesem Sinne jedenfalls.

Aber was ist Zeit wirklich?

Ist sie gut? Ist sie schlecht?

Umfasst Zeit eine Dimension?

Mag sie dich? Mag sie Kinder?

Hat sie auch mal keine Lust?

„Mach schnell" (Geißler, 2004, S. 183) sagen wir zu unseren Liebsten. Zu den Kindern. Eine Bitte? Eher eine Ermahnung. Wir sollen alle pünktlich in der Zeit bleiben. Nur kurz Kindergarten, Arbeit, Training, Sportunterricht und Fördermöglichkeiten erleben. Nach Matthew Mellmed, einem US-Erziehungswissenschaftler kann zu viel geistige Förderung auch die Verstandes- und Gefühlsebene zurückentwickeln. Und dann? Müssen wir das dann auch wieder nachholen?

Zu wenig Förderung ist klar ebenfalls ein Risiko – sitzen doch vermeintlich immer mehr Kinder vor Bildschirmen. Doch in einer Welt, die alle Altersgruppen mit Informationen flutet:

Vielleicht machen wir doch lieber langsamer.

Ruhiger. Denn hier liegt doch oft die Liebe und das Glück. Ein ruhiges Getränk. Ein tiefer Atemzug. Eine Umarmung. Ruhig, ohne Zeit. Sei es in Meetings, oder im Privatleben.

Was ist Zeit überhaupt?

Passend dazu auch das Zitat (ff., S.227)

Ja, renn nur nach dem Glück,

Doch renne nicht zu sehr!

Denn alle rennen nach dem Glück,

Das Glück rennt hinterher.

Bertolt Brecht.

Warte kurz. Ich hab's gleich.

Wir müssen nicht immer Wachstum generieren!

Nicht monetär. Nicht materiell.

Zeit nehmen. Nicht Zeit haben.

Warten wieder erlernen. Ruhe. Nicht das ewige Streben nach irgendwas. Auch nicht im Yoga-Kurs! Warum ich das sage?

Weil es mir selbst so ging und an manchen Tagen, wenn alles zu viel scheint, geht es mir immer noch so. Nicht als Kind. Sondern nach all meinem Schreiben über Zufriedenheit und Ressourcenschonung habe ich ab und zu vergessen, dass es gerade darum geht Ruhe zu bewahren. Ich möchte bewusst auf meine Kinder achten, ihnen Zeit geben.

Mir selbst Zeit geben. Ganz ohne Eile.

Schreiben ohne Eile.

Yoga. Weil es mir guttut.

Arbeiten. Weil es andern und mir selbst hilft.

Was ist Zeit überhaupt?

„Den Puls des eigenen Herzens fühlen. Ruhe im Inneren. Ruhe im Äußeren. Wieder Atem holen lernen. Das ist es". Von Christian Morgenstern. (Hille, 2016, S. 75)

„Wie definierst du dich ... wie definierst du schön ... die Sonne. Die Sonne und du ..." (Jürgens, U., im Lied *Die Sonne und du*).

Aktivität 1:

Lege die Hand auf dein Herz. Atme. Schliesse die Augen. Konzentriere dich auf deine Füsse, fest auf dem Boden. Auf diesen einen Moment. Die Zeit wird greifbar.

Aktivität 2:

Wenn du morgens nach dem Nachtschlaf aufwachst. Versuche noch zu weilen. Der oft als Hypnagogie bezeichnete Bewusstseinszustand bringt uns oft Wachträume und Impulse, die wertvoll für Entscheidungen sein können. Notiere in ein Büchlein dann direkt die Stichwörter, die dir durch den Kopf gegangen sind.

Zu guter Letzt. In diesem Buch hast du keine Zeit gespart. Aber du hast dir hoffentlich Zeit für dich und deine Gedanken, deine Ziele und dein Licht genommen.

Aktivität 3: Versuche zur nächsten Verabredung pünktlich, aber nicht überpünktlich zu erscheinen. Versuche außerdem zum *„Höhepunkt"* der Veranstaltung zu gehen. Wie geht es dir danach?

Was ist Zeit überhaupt?

Anmerkung: Es geht nicht darum Zeit einzusparen (dazu später mehr). Es geht darum, freundlich aber bestimmt loszulassen vom Stress, die Termine - privat oder geschäftlich – in die Länge zu ziehen, wenn es für dich genug ist.

Was ist Zeit überhaupt?   Sönja

23 KÖRPER, GEIST UND SEELE

Zwei Abschnitte runden unser Werk ab. Nummer 1: Das harmonische Zusammenspiel von Körper, Bewegung und Geist hilft für ganzheitliche Gesundheit, da es die physische Vitalität stärken kann und gleichzeitig den Geist beruhigt.

Durch Bewegung und Entspannungszeit wird der Körper nicht nur flexibler und widerstandsfähiger, sondern der Geist kann sich von Stress befreien, Klarheit finden und emotionale Balance herstellen. Diese Balance fördert das Wohlbefinden und trägt wesentlich zur Widerstandskraft gegenüber den Herausforderungen des Alltags bei.

Ein lustiges Bild, das ich selbst gezeichnet habe in ehrenvolle Erinnerung an mein allererstes Yogaseminar. Darf ich vorstellen? Weiblich und männlich. Sonne und Mond. Alle Energiebereiche des Körpers sind hier im Gleichgewicht. So das Ziel.

Abbildung 9: Sonne und Mond - Gegensätze. In Anlehnung an M. Gallike vom 13.1.2023

Tha ist hier Yin, also das Ruhige, das Gehaltene, das Meditative. Und Ha ist die Sonne, das Dynamische, das Energetische, das Durchsetzungsmäßige, auch das Anstrengende.

Nun, da wir über Ruhezeit gesprochen haben, könnten wir Yoga mit einbeziehen.

Die 7 Wege des Patanjali lassen sich zusammenfassen:

- Sei gut zur Welt (Yama)

- Sei gut zu dir selbst (Niyama)

- Mach Bewegungen für dich (Asana)

- Atme bewusst (Pranayama)

- Achte auf deine Sinne (Pratyahara)

- Konzentriere dich, sei im Flow (Dharana)

- Meditiere[21] (Dhyana)

- Sei im Gleichgewicht und im Vertrauen (Samadhi)

Das ist meine persönliche Interpretation, keine Wissenschaft. Es gibt kein Yoga-Buch oder kein Yogasutra, die das genau so beschreibt. Sicher, aber ähnlich. Eine liebe Kollegin hat mich 2014 unglaublich inspiriert. Als ich nach der Arbeit gerne joggen ging, sagte sie immer zu mir: *„Das Joggen kann für dich auch Yoga sein -so wie du es mir hier beschreibst."*. Jetzt verstehe ich, was sie meinte. Wenn ich laufe, spüre ich das Gleichgewicht.

---

[21] bspw. nach Anke https://www.youtube.com/@Gedankenaustausch ☺. Oder suche dir eine für dich passende Alternative. Beten kann auch eine meditative Wirkung haben.

Kennst du das auch von irgendeiner Tätigkeit, die dir Ruhe gibt? Und den *„Gedanken-Fluss"* anregt.

Wenn es sich richtig und leicht anfühlt und du ganz bei dir sein kannst → Mach es!

Es kann eine Yoga-Stunde mit Asanas oder Pranayama sein. Es kann Meditation sein. Aber es kann auch einfach ein Buch lesen oder eine andere Tätigkeit sein, die dich in den Fluss bringt. Finde deinen eigenen Weg dafür.

„Yoga ist das Zur-Ruhe-Kommen der Gedankenbewegung im Geist. Dann ruht der Wahrnehmende in seiner wahren Natur." (Yoga Sutra 1.2-3).

Aktivität:

Wir gehen in leichte Dehnung in einer aufrechten Körperhaltung. Denke dabei an ein Wort, das dir gefällt oder an den Satz (eine Affirmation) bspw. *„ich bin das Licht"*.

Abbildung 7: Auswahl einfacher Dehnungsübungen (eigene Darstellung)

Anschließend wiederholen wir 2 bis 8 Sonnengrüße[22] mit Anleitung. Du wiederholst einfach so oft, wie du magst. Anschließend folgt die Reflexion. Es gibt kein Richtig oder Falsch. Es gibt nur deinen Körper und Geist.

Abbildung 8: Vereinfachter Sonnengruß (Eigene Darstellung)

---

[22] Die leichten Dehnungen: Brustöffnung, Vorbeuge, Strecken, Bein halten etc. kannst du alleine ausprobieren. Beim Sonnengruß würde ich immer mind. 1 Anleitung in einer Yogastunde oder im Seminar Empfehlen. Atme gleichmäßig ein und aus.

24 KRAFT DER WÖRTER

Dein eigenes Licht.

Achte auf die Wahl deiner Sprache und nimm ein beliebiges Wort, sag es laut und spüre einfach mal in die Laute, die Vokale. Spüre in den Klang hinein. Welches Gefühl stellt sich bei einem bestimmten Wortklang bei dir ein? Wo fühlst du im Körper die Vokale?

„Eigentlicht – Zufriedenheit – Erfolg": Ein inspirierendes Dreieck

Dieses Buch soll dazu anregen, neue Gedankengänge zu entwickeln. Gedanken, die unsere bisherigen Grenzen überschreiten, transformieren und neu strukturieren. Dabei begleiten uns drei Worte: *„Eigentlich", „Zufriedenheit"* und *„Erfolg"*. Sie formen ein inspirierendes Dreieck, das uns hilft, unser Leben bewusster und erfüllter zu gestalten. Wir könnten dies weiter ausführen, aber im Skript belassen wir es hiermit. Wir besprechen dies im Seminar work-life-basel.ch / 200 % Leben.

1. „Eigentlich" – Das Licht unseres eigenen Ichs

Das Wort *„eigentlich"* steckt voller Bedeutung: Es enthält „eigen" und „ich". Wenn wir ein wenig spielen und das „t" vom Wortende nach hinten setzen, entsteht das Wort „Licht". So entdecken wir:

• Eigen – Unser ureigenes, individuelles Sein.

• Ich – Das Zentrum unserer Persönlichkeit.

• Licht – Die Klarheit, die wir auf uns selbst werfen können.

Was macht dich eigen?

Hast du dich schon einmal gefragt, wer du wirklich bist? Was macht dich einzigartig? Indem wir uns diese Fragen bewusst stellen, erweitern wir unseren Blick auf uns selbst. Es ist, als ob wir ein Teleobjektiv nutzen, das uns nicht nur auf das Oberflächliche fokussieren lässt, sondern uns tiefere Einblicke in unser Inneres ermöglicht. Wir zoomen quasi in uns selbst hinein.

Wenn wir unser eigenes Licht auf die dunklen Ecken werfen, bekommen wir mehr Klarheit über unser wahres Selbst. Das ist kein einmaliger Prozess, sondern eine fortwährende Reise. Immer wieder gibt es Neues zu entdecken – und genau das macht das Leben so spannend.

Übung: Dein Ich im Licht

• Nimm dir 5 Minuten Zeit. Schreibe auf, was dich einzigartig macht: deine Talente, Eigenschaften oder Dinge, die dir Freude bereiten.

• Frage dich anschließend: *„Was davon leuchtet in mir am stärksten?"*

2. Zufriedenheit – Der Schlüssel zum inneren Frieden

Wenn wir unser wahres Ich besser kennen, entsteht ein Zustand der Zufriedenheit. Unsere Gedanken und Wünsche werden klarer, unsere Zweifel weniger. Je mehr wir uns selbst verstehen, desto stärker kommen wir in Einklang mit uns, unserer Umwelt und der Natur.

In diesem Zustand handeln wir nicht mehr aus Angst oder Unsicherheit, sondern aus innerer Ruhe und Kraft. Zufriedenheit ist kein statischer Zustand, sondern ein Prozess: Jeder Schritt in Richtung Selbsterkenntnis stärkt unseren inneren Frieden.

Übung: Finde Momente der Zufriedenheit

• Schreibe abends drei Dinge auf, die dir heute ein gutes Gefühl gegeben haben.

• Erinnere dich: Zufriedenheit liegt oft in den kleinen Momenten – einem Lächeln, einem Sonnenstrahl oder einer gelungenen Aufgabe.

3. Erfolg – Eine neue Perspektive

Im Zustand der Zufriedenheit verändert sich unsere Sicht auf Erfolg. Erfolg ist dann nicht mehr das Ziel, sondern die natürliche Folge unseres Handelns. In der Bhagavad Gita finden wir eine treffende Weisheit dazu:

„Tue, was zu tun ist, ohne an die Früchte deiner Handlung zu denken."

Das bedeutet: Wenn wir aus innerer Klarheit und Frieden handeln, wird die Qualität unseres Tuns von selbst wachsen. Wir müssen nicht auf Erfolge fixiert sein – sie **folgen**, wenn wir in Harmonie mit uns selbst handeln.

Übung: Erfolg im Tun finden

• Nimm dir eine Aufgabe, die dir wichtig ist, und konzentriere dich vollständig darauf – ohne dich von Gedanken an das Ergebnis ablenken zu lassen.

• Reflektiere danach: Wie hat es sich angefühlt, einfach im Moment zu sein?

Fazit:

„Eigentlich", „Zufriedenheit" und „Erfolg" sind keine voneinander getrennten Konzepte. Sie bilden ein **Dreieck**, das uns hilft, unsere eigene Wahrheit zu finden und ein friedvolleres, authentisches Leben zu führen. Der Schlüssel liegt darin, das eigene Licht zu erkennen, Zufriedenheit im Moment zu finden und Erfolg als natürliche Folge eines bewussten Handelns zu sehen.

Schön, dass du dir die Zeit nimmst, auf diese Reise zu gehen.

25 GESTALTE DEINEN (ALL)TAG

 Hier ist Platz für deine Pläne, Methoden und Gedanken. Schritt für Schritt. Du möchtest zu unserem Seminar kommen? Mehr über: work-life-balance.ch

26 GLOSSAR

Kraft der Wörter

Alle Erläuterungen entsprechen unserer Sicht auf die Dinge. Basierend auf Wortstämmen und Erfahrungen. Zum Verständnis des Buches. Die Definition laut Duden haben wir zur Kenntnis genommen, jedoch selbst interpretiert.

Achtsamkeit

In Ruhe etwas tun. Konzentration oder auch der berühmte „Flow". Das alles ist achtsam. Die Acht aus dem achtsamen Tun ist Selbstermächtigung. Also wird daraus eine Macht, die uns vor uns selbst Achtung schenkt. Somit ergibt dies eine positive Macht. Denn hier wird die Macht genutzt, um von innen heraus lebensförderlich für alle Wesen, die Erde und die Umwelt zu handeln. CO_2-neutraler geht's dann nicht mehr. Esse ich bspw. achtsamer brauche ich weniger und schätze vielleicht mehr, was ich habe. So spare ich in jeder Hinsicht Ressourcen und lebe achtsamer.

Bewusstsein

Akzeptanz der gegebenen Umstände und den Regeln folgen sind zwei wichtige Eckpfeiler, um zu überleben. Trotzdem gibt es ein Sein, das uns entspricht. Sein hat viele Ebenen. Werden wir uns einer Sache vollkommen bewusst, wird das Dunkle hell, sichtbar und kommt ins Bewusstsein, erfährt Bewusstwerdung. Vertrauen in dich selbst. Bewusstsein kommt aber besonders aus der Ruhe. Frische Luft. Sport. Meditation – wir selbst haben die Möglichkeit zu denken. Und die Wege zu finden, wie wir bewusstwerden – unserer selbst. Das bezieht auch Entscheidungen mit ein. Für oder gegen eine Sache. Erinnerung an das liebevolle Nein.

Glossar

Eigenlicht

Wer bin ich eigentlich? Was will ich eigentlich? Eigen = du. Licht = deine Energie. Es ist hier im Kontext mehr als ein Füllwort. Es beinhaltet, das, was uns wirklich ausmacht. Wie wir strahlen. Was wir bewirken können.

Erfolg

Wir tun etwas, und ein Geschehnis erfolgt. Das, was als nächstes kommt. Ich nehme meine Energie, mein Licht und kreiere etwas. Die Verlagerung von Energie. In diesem Kontext ist Erfolg nicht, was wir erwarten, dass es sich einstellt. Sondern die logische (*unbewertete*) Folge auf eine Handlung.

Frieden

Frieden ist ein Gefühl. Frieden ist die Abwesenheit von Störfaktoren: Krieg, Aufregung, Frustration, Ärger, Angst und Stress. Frieden gibt wiederum Energie für das eigene Licht.

Familie

Es ist mehr ein Gefühl als eine Definition. Für die einen wird Familie mit Wohlfühlort definiert. Manche verbinden Familie mit geschützter Raum. Andere empfinden das Gegenteil. Für manche ist die Familie eher eine Genossenschaft / Kooperation für das Zusammenleben. Manche sehen darin Pflichtgemeinschaft. Teils ist Familie klar mit Verwandtschaft verbunden und andere sehen Familie als Freunde, die zusammenhalten. Definiere Familie für dich.

Glossar

Glück

Eher von außen tritt ein kurzes Glück ein. Wir erleben das, es sind Höhepunkte und diese sind gut und wichtig. Glück ist nicht zwangsläufig mit längerfristiger Zufriedenheit zu verwechseln. Diese kommt aus dem inneren und wird weiter hinten im Text erklärt.

Karma

Gibst du Gutes, kommt Gutes zurück. Oft verbunden mit Yoga oder Wiedergeburtsgedanken aus dem Buddhismus, ist es etwas, das wir in den Alltag integrieren können. Mal unkompliziert, indem wir Hilfsbereitschaft anbieten. Man könnte Karma als die Abfolge der Geschehnisse bezeichnen, alles wirkt auf alles ein und wie ein Puppenspieler wirkt und webt das Ziehen an den Fäden die Realitätsstränge und die Abfolgen im Leben.

Künstliche Intelligenz

Wenn ich mein Denken an eine Meinung von außen, die neue künstliche Intelligenz abgebe, muss ich weniger Zeit zum Nachdenken aufbringen. Dabei sollte ich mir bewusst sein, dass ich mein Licht und mein Denken an *„jemanden"* unbekannten – eine kollektive Variable abgebe. Die kollektiven Gedanken sind nicht meine eigenen. Sie sind lediglich eine Unterstützung.

Meditation

Loslassen. Eine leichte Strategie für den Alltag, oder eine Auszeit, um Ruhe ins Leben zu integrieren.

Selbstermächtigung

Wir selbst können uns die Macht für unser eigenes Leben sichern. Begrenzter Einfluss auf die Dinge, die uns umgeben

Glossar

heißt nicht, dass wir im Rahmen unserer Möglichkeiten begrenzt sind. Sofern Grundbedürfnisse sichergestellt sind. Hier finden wir eine Wahrheit und Zufriedenheit für uns selbst, wenn wir uns selbst besser kennenlernen.

Sprache

Wir schreiben das Werk auf Deutsch. Wir beschäftigen uns mit einigen Wortherkünften, Ursprüngen und versuchen hier auch sensible Wortneuschöpfungen oder altertümliche Sprache zu berücksichtigen, um in das Wesen von Sprache einzutauchen. Sprache auch als ein Stück Magie begreifbar zu machen.

Wahrheit

Eine Wahrheit kommt von außen. Eine von innen. Objektiv trifft subjektiv. So eine Parallele mit Journalismus von außen und eine von dem erlebenden Berichten auf freien Kanälen. *„Für die Bösen sind wir die Bösen"* ist eine Metapher, um gut darzustellen, wie Wahrheiten relativiert werden können.

Wortherkunft

OM. Aus dem Yoga. Vokale als Ursprung. Laute in der Tierwelt. Der Ursprung unserer Sprache.

Wörter bestehen aus Vokalen und Konsonanten und den Lücken dazwischen. Stell' dich mal hin. Aufrecht. Sage dir selbst: A, E, I, O, U. Spüre wie die unterschiedlichen Körper- und Mundregionen sich bewegen. Achte auf Vibration, Bewegung, Ton. Sängerinnen tun das für die Stimmen.

Ein klitzekleiner Versuch für dich, aufzuzeigen wie unterschiedlich Vokale klingen und energetisch wirken. Wir schöpfen damit die Energie unserer Wörter und der Herkunft der einzelnen Wörter aus dem Universum.

Glossar

Yoga

Aus unserer Sicht beschreibt Yoga eine Art Werkzeug, um die Gedanken zu besänftigen. Im Rahmen dieses Werkzeugs gibt es so viel mehr als Asanas, d. h. Bewegungsmuster. Es beschreibt die Verbindung des Menschen mit der Welt. Weitere Schritte zur Anwendung und zum Nutzen folgen.

Zufriedenheit

Dieses Wort ist uns wichtig. "*Zu*", wie schließen. Frieden, für dich selbst. Zufriedenheit ist ein aktiver, froher Zustand eines Menschen. Hand in Hand mit innerem Erfolg und eigenen Zielen umfasst dieser Punkt Faktoren wie Glück, Selbstermächtigung und alles, was das Leben lebenswert macht.

Ein herausfordernder Gedankengang: Du hast also etwas, was du dir so sehr gewünscht hast, erhalten. Hast du schon einmal erlebt, dass du dich zwar freust, gleichzeitig jedoch ein Gefühl der Leere vorhanden war? Gut, du hast, was du wolltest, wünschtest, und jetzt? Jetzt bist du immer noch du. Hat sich etwas bei dir verändert?

Beschreibe mal für dich, ob und wie lange du ein „Gutes Gefühl" hattest:

_____

_____

_____

_____

Glossar

Quellen

QUELLEN

7Mind. (n.d.). Stress verstehen: Stressreaktion, Psychologie und Achtsamkeit. 7Mind. Abgerufen am 28. Januar 2025, von www.7mind.de/magazin/stress-verstehen-stressreaktion-psychologie-achtsamkeit

Akademie SGE. (2023). Resilienztrainer. Eigene Darstellung angelehnt an www.akademie-sge.de.

Buckel, W., & Kleiner, R. (2012). Supraleitung: Grundlagen und Anwendungen (14. Aufl.). Springer Vieweg.

Bär M., Krumm R., Wiehle H. (2007) Unternehmen verstehen, gestalten, verändern. Gabler Verlag

Dobelli, R. (2019). 55 Wege für ein gutes Leben. Hanser.

Eisele, S. (2021). Du bist einfach genial, Brighton Verlag.

Grünwald, S. (2023). Mein Handbuch zur Selbstmotivation. Zytglogge Verlag.

Hille, W. (2016). Slow: Die Entscheidung für ein entschleunigtes Leben. Droemer.

Jürgens, U. (1983). Die Sonne und du. Geschrieben von: Michael Kunze, Udo Jürgens.

von Werner Buckel (Autor), Reinhold Kleiner (Autor)

Lütz, M. (1015). Wie Sie unvermeidlich glücklich werden: Eine Psychologie des Gelingens. Gütersloher Verlagshaus.

Mogi, K. (2018). Ikigai: Die japanische Lebenskunst. Riva Verlag.

Quellen

NGV (2018). *Kakebo – Das Haushaltsbuch: Stressfrei haushalten und sparen nach japanischem Vorbild.* NGV.

OMR (2021). *OMR Report 2021, Marketing.* https://education.omr.com/collections/omr-report?srsltid=Afm-BOorxXWlz_xBSnA1-PSf4Z4AL-wsA1tJOn0r8JnuLt4HAlm1b2uCE4

Sher, B. (2004). *Wishcraft: Wie Sie Ihre Träume verwirklichen und das Leben führen, das Sie sich wünschen.* Arkana.

Buchtipps

BUCHTIPPS „EIGENLICHT"

„The Power of Now" von Eckhart Tolle – Ein Klassiker, der zeigt, wie du im Moment Achtsamkeit und Erleuchtung findest.

„Achtsamkeit – Die Kunst, den Moment zu leben" von Thich Nhat Hanh – Mit praktischen Werkzeugen für mehr Achtsamkeit im Alltag.

„Die Bhagavad Gita" – Weisheiten zu Handlung, Selbsterkenntnis und innerem Frieden.

Buchtipps „Kinder entdecken die Welt":

„Das Kind in dir muss Heimat finden" von Stefanie Stahl – Verstehe die Prägungen aus der Kindheit und entwickle einen liebevollen Umgang mit deinem inneren Kind.

„Das Vorlesebuch für Draufgänger und Träumer" von Martina Baumbach und Jan-Uwe Rogger – Geschichten für Kinder und Erwachsene zum Schmunzeln. Mit Tipps für das Leben mit den Jüngsten, die sind wie sie eben sind. Im eigenen Licht.

„Spielend leicht leben" von Leo Babauta – Einfache Wege, das Leben zu vereinfachen und Freude zu integrieren.

„Die Kunst des Liebens" von Erich Fromm – Fokus auf das Sein, statt das Haben.

Buchtipps

Buchtipps für mehr Bewusstsein und innere Klarheit:

„Der Weg des wahren Mannes" von David Deida – Entfalte dein wahres Potenzial und lebe deine innere Wahrheit.

„Das Café am Rande der Welt" von John Strelecky – Entdecke den Lebenssinn jenseits von Erfolg und Anerkennung.

„Die 7 Säulen der Achtsamkeit" von Jon Kabat-Zinn – Achtsamkeit im Alltag für mehr Frieden und Zufriedenheit.

Weitere Buchtipps:

„Die Kunst der Stille" von Pico Iyer – Stille als Weg zu tieferem Verständnis und authentischen Beziehungen.

„Nonviolent Communication" von Marshall B. Rosenberg – Gewaltfreie Kommunikation für mehr Verständnis in Konflikten.

„Jeden Tag ein Schritt" von Hossainpour und Hopf, Das Buch bietet kalenderartige Schritte um jeden Tag persönliche Ziele zu erkennen und kontinuierliche Werte im Leben zu fördern.

„Die 5 Sprachen der Liebe" von Gary Chapman – Verstehe und drücke Liebe in verschiedenen Formen aus.

Buchideen zum Thema Gemeinwohl:

„Die Gemeinwohl-Ökonomie" von Christian Felber

„Gemeinwohlorientierte Sharing Economy" von Sonja Eisele

Buchtipps

Buchtipps für bessere Meetings und Teamarbeit:

„Die 5 Dysfunktionen eines Teams" von Patrick Lencioni – Wie Teamdynamiken verbessert und Fehler in Meetings vermieden werden.

„Führung mit Herz" von Michael J. Arena – Förderung von Teamarbeit in einer positiven Atmosphäre.

„The Art of Focused Conversation" von R. Brian Stanfield – Strukturierte Gespräche für mehr Klarheit und Ergebnisse.

„50 Sätze. De das Leben leichter machen" von K. Kuschik – Ein paar praktische Sätze als Kompass für Souveränität.

Buchtipps für deine Reise - Worte und Zufriedenheit:

„Das Kind in dir muss Heimat finden" von Stefanie Stahl – Verbinde dich mit deinem wahren Ich und lasse alte Prägungen los.

„Jetzt! Die Kraft der Gegenwart" von Eckhart Tolle – Lerne, im Moment zu leben.

„Unvermeidlich Glücklich werden" von Manfred Lütz – Tauche ein und erfahre pragmatische Ansätze aus der Psychologie.

Buchtipps

Was sind deine Lieblingswerke?

_____

_____

_____

_____

_____

_____

_____

_____

_____

_____

_____

Buchtipps

Was ist dein Fazit zu Eigenlicht?

_____

_____

_____

_____

_____

_____

_____

_____

_____

_____

_____